〈仕掛ける・さぐる・引き出す・支える・紡ぐ〉児童福祉臨床

子ども・家族支援に役立つ
面接の技とコツ

宮井研治――編

川畑　隆
衣斐哲臣
菅野道英
笹川宏樹
梁川　惠
伏見真里子
大島　剛――著

明石書店

刊行にあたって

3年に1度ぐらいは、僕もひらめくことがある。それが今回かもしれない（まだ結果が出ていないので何とも言えないが）。酷暑の夏の午後、家の洗面所の蛇口のパッキンが壊れ、水が止まらないと大学生の娘からSOSの電話があり早引けさせてもらい帰宅。さっそく蛇口のパッキンを外し、少し離れたところにあるホームセンターまで散歩がてら出かけた。

とぼとぼと歩きながら気になっていた「面接の本」のことを考えていた。すると構想が湧いてきたのだ。蒸し暑い夏の日の夕立の後、突然に。入道雲のように湧いて出る。考えても考えても出てこなかったものがするすると。これは彼、ここはあの人、このコンセプトで、誰に向けて書こう、おまけに書評してもらう人まで出てきた、もう止まらない。

買い物もそこそこに帰宅してパソコンに向かう。うまくすくいあげられたらいいのだがと願いながら。

右のようなひらめきとも、走り書きともつかない文章を執筆者諸氏に発作的に送ったのが、2010年の盛夏の頃。そこから出版に至るまで2年を要してしまいました。うまくひらめきをすくいあげるところまではできても、形にするのはなかなか簡単にはいきません。すくいあげたものを執筆者へ振り分けます。気心の知れた執筆者には、多くを語らずとも指名されたテーマの意図や、なぜそれが自分に振られたのかを、こちらがあまり多くを語らなくても分かってもらえます。しかしながら、そこからが各々にとっての呻吟を要する作業です。

「面接」は、対人支援や相談業務に関わるものにとっては、仕事場です。役者さんにとってのステージです。当然あるべきものであり、なければ生活が成り立ちません。その「面接」について、あらためて文字にするのです。言いたいことはたくさんありますが、あまりにも当たり前すぎて、文字にしにくかったり、思い入れが強すぎてうまく説明できなかったりがあります。

でも待った甲斐がありました。いいものができました。自分たちの今までの指標となり、これからの方向を指し示してもらえそうです。そして、「面接」で生きている同業者に役立ててもらうことが一番の目的です。先達にも見てほしい気がします。そして何より、同じ道を歩いてくる後輩たちに手にとってほしいのです。本を作る上で企画者から執筆者に伝えたいことの中心の一つは、できるだけ自分の「面接」を専門用語で語らない努力をしてほしいということでした。できるだけ、一般的な言葉を使い、専門用語に逃げないでほしいということです。

本編を簡単に紹介すると、第1部では**面接の基本**について取り上げています。この本の総論を兼ねています。「ジョイニングに始まり、ジョイニングに終わる」というテーマで、この本の基調を成す背骨の部分を川畑隆が書いています。すでに論議するまでもないかもしれませんが、川畑は動機づけの低い来談者に対してこそ工夫をもって関わることで、従来の「臨床心理学的」方法論から自由になれるということを改めて記述しています。難しい話ではなく、部屋の構造から、服装、お茶を出すといったちょっとした工夫まで身近な経験に基づく指摘をしています。そして、相談者に「来てよかった」と思ってもらえる家族療法から培われたスキルを伝えています。単なるスキルに終わらないのは、川畑自身がそのスキルにより自身の認識枠を広げていることでしょう。すべてはジョイニングのためであり、その成否は結局、面接者の対人関係力にかかっていると言っています。また、対人関係力の育成にはあらゆることが寄与しており、ゆえに各々が現在進行形の自分を温かく見守り、勉強し日々チェックし修正していくという面接者としての道筋を指し示してくれています。

第Ⅱ部では、**「目的に応じた面接」**に移ります。面接者側の面接目的に即してどう面接を進めるのか、読者に役立ててほしいという意図をもって章立てしてみました。〝仕掛ける〟、〝さぐる〟、〝引き出す〟、〝支える〟、〝紡ぐ〟という5つの目的別の面接に応じた7通りの場面を想定して各担当に執筆してもらいました。「面接」は、基本的に相談者のためにあります。あえて面接者側の面接目的と書いたのは、長年対人支援に関わってきた私たちの各々のホームグラウンドでの〝得意技〟を披露することが、特に後輩に役立つであろうという思い込みからです。厚顔ではありますが、お許しください。

「仕掛ける面接Ⅰ」で衣斐哲臣は、面接者が面接におけるリーダーとして、その場を仕切らなければいけない面接について書いています。変化を志向しながら、どう振る舞うのかを理論と経験を踏まえて述べています。一回こっきりの取り返しのつかない（面接はどれもそうだともいえますが）場面を想定しています。キリキリとした緊張感に満ちていますが同時にワクワクもします。虐待事例では相手の理不尽ともいえる不満を受けつつ、面接をする機関として親との関係も切らさないという受けと攻めを同時に行なうような仕掛けが施されています。非行事例では、親に子どもの施設入所を決断させるという外せない目標を抱えつつ、強制ではなく、エンパワーして母親を支えるという仕掛けを組んでいます。こう書いていくと名人芸のようですが、理論と経験に支えられた〝ブレない姿勢〟が必要とされるようです。しかし結局は、〝変化は相手のペースで行なわれる〟という相談者尊重の思いがなければ、「仕掛ける面接」も成立しないようです。何だか武道の精神にも通じるように感じるのは私だけではないと思われます。

もう一つの「**仕掛ける面接Ⅱ**」で、菅野道英は児童相談所で行なわれている虐待相談の中の家族再統合に向けた援助（安心子育てプログラム）の面接が、従来のカウンセリングベースのものとは違うことを述べています。なぜ、そこには「仕掛ける面接」が必要となるのかを、家族の問題ストーリーと専門職（機関側）の問題ストーリーという観点から生まれる対立構造を使って説明しています。なぜ虐待対応が難しいのかがきちんと理解できます。その難しさに対応するために、援助者側に何が必要とされるのか？　菅野は援助者自身が支援の過程で〝ブレない〟ことだと述べています。この点は衣斐と共通しています。一言でいえば、「子どもに安全で安心な生活を作り出していく」ことに尽きるということです。ここまでだと理念中心のように聞こえますが、サインズ・オブ・セイフティ・アプローチを包括的な見立ての中心に置きながら、ボトムライン（譲れない線）を常に意識した面接を展開していきます。菅野が効果があると体感した「仕掛け」を紹介しています。

次は児童虐待に関連した「**さぐる面接Ⅰ**」です。児童虐待がらみの「さぐる面接」というとどうしても、読者は「厳しく聴取する」「疑ってかかる」といった硬いイメージを持ちがちかもしれません。しかし笹川宏樹は、相手のことを知りたいという素直な欲求からスタートすることを提案しています。意外かもしれませんが「さぐる面接」においても〝まず人ありき〟ということです。そうは言っても具体的にどうするのか？　この面接形態は普通にしていると上から目線になります。そこを特に気をつけて扱うことを強調しています。「さぐる、さぐられる」から「教える、教えてもらう関係」への転換、「聴取ではなく、お話ができる関係」といった表現が並びます。その関係作りのために面接者自身の体験を少し話してみたり、立ち話的状況をわざととらえたりといった工夫が見られます。家族という時系列の歴史を理解するためにジェノグラムの活用も関係の転換に役立つと述べています。しかし、児童虐待の場合、面接者自身を下の立場に置いて面接を進めたとしても「子どもの安全と福祉を最優先する信念」が基盤にあることには変わりありません。

「さぐる面接Ⅱ」（障害相談）では、面接者が親のことを詮索するという意味ではなく、親が知らない内容について、援助者に教えてもらう受け身的な相談であると、梁川惠は規定しています。教育的な意味合いを含んでいます。それゆえ、親が面接者を信頼できるかどうかが大きな鍵になると言っています。援助者にとっては受け入れてもらうための工夫が必要になります。相談する側、相談される側双方において、信頼できるのかどうか、受け入れてもらえるのかどうかをさぐっているというわけです。多岐にわたる障害相談を、主たる相談機関（保健センター、保育園や幼稚園、児童相談所等）ごとの状況に分け、さらにそれを子どもの年齢や障害の種別での相談に分けて説明しています。障害相談のすべてを網羅できているわけではありませんが、その本質は突いているものと思われます。丁寧な対応、知識と経験が必要とされます。

「**引き出す面接**」は宮井研治が担当しました。この面接には、〝相談に来た人に自分で考えてもらいましょう〟という志向性があります。面接者はそのためのお手伝いをさせてもらいます。具体的には相談者がそれぞれの〝解決〟を引き出すために、面接者が上手に質問することを心がけています。いつもうまくいくとは限りませんが、面接者は効果的な質問の練習は怠りません。この面接の根本には、相談に来る人はそれなりの強み（ストレングス）や自分なりの資源（リソース）を持っているものだという信念めいたものがあります。事例では面接者にとってやりづらい条件を兼ね備えたケースであっても、相談者（家族）から解決を引き出せた例について書いています。

「引き出す面接」と対になる「**支える面接**」の仕方について伏見真里子は「相手流」という言い回しを使っています。伏見に言わせると、相手に合わせよう、相手を一生懸命理解しようとすると、今まで動き出せなかった（動き出さなかった）相手が自ら動き始めることがある、そういう意味での「相手流」ということです。単に受容的に傾聴しただけでは、相手に少しズレた感じを与えるだけであったり、安易に共感するだけではかえって相手の不安を煽ってしまう場合が確かにあります。相手がまさに言ってほしそうなことを言ってあげたり、確認してあげたりすることが、支えることにつながります。そのためには、相手の言葉を慎重に聴き、相手の状態やお互いの関係をよく把握して、自分をそこに合わせていくことだとしています。まさに楽器のチューニングを自らに課すことのようです。最後の「引きこもりの青年と祖父」事例は応用編であり、ひきこもり青年へのチューニングの実際が書かれてあります。

最終の「**物語を紡ぐ面接**」では大島剛が、まず子どもが育ち、それに導かれるように親が育ち、そして家庭というものが生育されていくという流れを提示しています。そこではまるで家庭は一つの有機体のように育っていきます。大島流の言葉を使うなら、発達相談とは「K式発達検査」などを道具としながら、家庭の生育にできるだけ細く長く〝お付き合いさせていただく〟こととあります。家族がその物語を紡ぐお手伝いをさせてもらっているようにも見えます。息の長いお付き合いをするために、大島は子どもの各発達段階における出来事を具体的に取り上げ、適切なアドバイスを用意しながら、お母さんの努力や失敗を「キャッチ・ポジティブ」（いいところを探し出し、積極的に褒めていく）に再確認してもらう作業に終始していると言えます。自己満足ではなく大島自身が子どもの発達を味わわせてもらうことに重きを置いているのがよくわかります。最後の「事例」では、息長く線で捉えていく面接において、点で捉える1回の面接場面ではどこに焦点を当て、何を聞いて、どこにつなぎ、さらに「発達検査」をどう活用していくかが、〈解説〉に具体的に細かく記載されています。ご活用ください。

そして最後に、付録として岡田隆介さんから「併行する2視点」をもって行う面接ステップについて書いていただきました。「併行する2視点」とは、他の執筆者たちの文章の中にもたびたび登場する「メタポジション」や「メタ視点」と同義だと勝手に解釈しています。岡田さんについては、あらためてご紹介するまでもないこの業界における先達のお一人です。付録というのは「別格」という尊敬の意味を込めています。豪華なおまけだと読者の方はお受け取りください。

この本の取扱説明

変な言い方ですが、この本の内容をあまり鵜呑みにしてもらっては困ります。しかしながら今面接で困っている人には役立つ本でありたいと思って出版しました。僕らはこの何年か、個人というより組織的に、対人援助という課題に取り組んできました。その結果が、いくつかの本やワークショップとして実を結んできました。個人で発表してもその背景にいる他の人たちのことを思い浮かべながら進んできたように思います。「仲間」というものはいいものです。実に心強い。若いころは「組織の力」より「個の力」を発揮してみたいと力んだこともありました。しかし、自分を知るにつけ「仲間」の存在を大事に思うようになりました。

さて、まだまだ「組織」は解散しませんが、忌野清志郎氏が3年前に夜空の星になり、敬愛する桑田佳祐氏も病に伏せられた（見事復活されましたが）今、わが組織の一役を担う面々にもほころびが見え始めています。自分たちが一番大事にしていることを本にしようと考えたのは当然のことかもしれません。そんな勝手な思いをどうぞくみ取りながらこの本を活用してください。

2012年8月

宮井研治

※本書に掲載されている事例は、プライバシー保護のため事実関係を大幅に改編してあるか、全くの架空事例です。

子ども・家族支援に役立つ面接の技とコツ

〈仕掛ける・さぐる・引き出す・支える・紡ぐ〉児童福祉臨床

＊

もくじ

Part I

面接の基本

Part II

目的に応じた面接

Chapter 3

Chapter 4

さぐる面接II

Chapter 7

Part I

面接の基本

ジョイニングに始まりジョイニングに終わる

川畑　隆

1 心理面接から日常の援助的対応まで

この本での「面接」とは

「面接」と聞いて一般的には何を思い浮かべるでしょうか。就職試験、入学試験——もちろん対人援助業務に就いている人にとっては、相談に来られたかたがたとのやりとりでしょう。面接に似た言葉には「面談」があります。面接よりは少し枠組みが緩く砕けた感じが込められているように思います。ついでに、「カウンセリング」とは対人援助業務で使われる専門的なものというイメージがあったのですが、化粧品会社の「お肌のカウンセリング」というCMのフレーズや、「カウンセリング化粧品」という方式などを目や耳にしたとき、専門分野から流出したという感じをもちました。もっとも辞書で「カウンセリング」を引くと「相談」という和訳が出てきますから、そんなにこだわる必要はありませんが。

述べたように、面接には「面談」よりも方向性の強さが勝る側面があります。つまり何か目的があって、その目的に向けて**コミュニケーション**を紡いでゆくようなイメージです。対人援助業務における目的とは、やはり対人援助です。その対人援助に向けてどのようにコミュニケーションを工夫するのか、そこに昔から人は心を砕いてきたし、さまざまな提案や主張が積み重ねられてきているわけです。なぜコミュニケーションなのか。それは解決したい事柄を抱えている相手の状況の変化を援助者も望むとき、両者の関係のなかで何かが動くことを期待しているからです。関係を活きたものにするのはコミュニケーションの力です。医師が薬を出すという機械任せにできそうなことにしろ、その薬が処方どおりに服用され効き目があるように医師は患者とのコミュニケーションを大切にします。コミュニケーションは情報の送り手と受け手が交互に入れ替わりながら進みますが、それを媒介するのは言葉だけに限りません。言語に伴う動作や表情などの非言語的情報、相手についてもっている知識やイメージなどもそこに影響します。そして、子どもの遊びやその他のさまざまな表現も豊かにその人を語るのは言うまでもありません。

このように、面接は広義には遊びなどを介したものも含むように思いますが、この本では、対人援助の意図をもった言語を中心としたやりとりを、面接として記述していきたいと思います。

対人援助のための面接

面接にはやはり面接室が似合います。そしてまた、ある臨床心理学者は「お金をとらない面接での援助はむずかしい」旨を述べました。面接室での**心理面接**が来談者の自発的意思によって成立し、日常の現実空間からは区切られたところで自分の心理に向き合うことによる自身の何らかの変化が目指され、それが実現しやすい枠を設定し専門的で特別な手だてをとることを含む契約によって行なわれるものであることからすれば、その発言の筋は通っています。まして、そういった捉えの中におさまる来談者、つまり相談したい、治りたい、楽になりたいという動機づけが強く、相談できる社会資源があることを知っていてそこに足を運ぶ力があり、支払うお金もあるかたがたばかりに接してきた学者であれば、そのように述べるのもうなずけます。

ところが、当然のことながら、相談の動機づけが低く、相談機関があることは知っていたとしても自ら訪れる気がないかたで、でも周りからみて問題を抱え、援助を自らは欲していないように見えてもその援助が必要なかたがたはいるのです。そんな人たちを先ほどの学者が目の前にしたとしたら、おそらく、ソーシャルワーカーなど他の専門職がかかわるべきだということで、実質的には自分のかかわる対象からは外すことになるのではないでしょうか。それはそれでいいのだと思います。役割を分担しなければ世の中のあらゆることに1人では対応できないからです。

しかし、この考えが臨床心理学の社会的な発展を阻んできた側面もあります。こんな場面を思い浮かべてみてください。中学校の授業時間に非行少年たちが授業に出ずに渡り廊下でたむろしています。スクールカウンセラーは柔らかいソファーの用意されたカウンセリングルームで、自分からノックして相談に訪れてくる子を待ち続けていますが誰も現れず、今日も1人の子どもとも面接せずに終わりました。――なぜ、カウンセラーはたむろしている子どもたちに近づこうとしなかったのでしょうか。自分の役割を狭く限定しすぎていて周りに目が向かなかったか、向いても自分の役割の外にあることだと判断したか、あるいはどう対応すればよいかわからなかったのかもしれません。しかし、相談室に自ら相談に来た子どもの相談にはのり、来なかった少年は援助の対象にしないということでは、専門家のもつ枠が優先されすぎていて、非行少年への援助をどう行なうかという学校現場のテーマは第二義に押しやられていることになります。

近年、このことの改善をスクールカウンセラーは行なってきているように思います。援助のための方法論が固定化していることの不自由さを意識し、まさに実質的援助のために新しく工夫できることを探し始めたと言っていいでしょう。私はこれしかしないと座して動かない頑固者が、私で役に立つことなら、また援助者としての私を新しく作っていくためにと、現場のニーズに合わせて動き始めたのかもしれません。先ほど述べたオーソドックスな心理面接だけではなく、**より柔軟で多様な面接**が行なわれるようになってきているのではないでしょうか。また、心理面接が適しているのだが成り立たないという場合や、最善の援助手段は面接より他にあるということもあるでしょう。阪神・淡路大震災後に、被災地を「心のケア」のために巡回したチームの一員だった筆者は、ある被災者のかたから「心のケアなんか要らない。風呂を用意してほしい」と言われました。心理的サービスの手段は面接に限らないのです。スクールカウンセラーとスクールソーシャルワーカーとの棲み分けが言われますが、両者が単なる業務分担ではなく協働していくためには、より柔軟な視点と動きがカウンセラーにも求められているように思います。

このスクールカウンセラーの変化は、臨床心理学の社会的位置づけの変化そのものでしょう。現場における対人援助にどのように役立つか、臨床心理学の知見や技術をそこにどのように注ぎ込むかという視点の強化です。オーソドックスな面接室での心理面接が有効で可能な局面ではそれを行ない、面接室に限らないあらゆる対人援助の局面における「対応」も面接とみなして、よりよい方向に相手との関係が推移するようなコミュニケーションを組み立てることにも、臨床心理学の専門性は活かされるのです。

2 ジョイニングの出発点

場所や時間帯

ジョイニング（joining）とは、家族療法（family therapy）でよく用いられる言葉です。「（家族に）仲間入りする」という意味で使われます。カウンセリングでクライエントと親しくなる意味で使われる、ラポール（ラポート／rapport）と同様の意味だということです。まず相手の懐《ふところ》に入らないと物事は始まらないと言いますが、どんな対人援助的行為を行なうにしろ、これを重視して丁寧にやっておかないと、なかなか次に進まないし援助の成果を手元に引き寄せられないように思います。もちろん、クライエントにとってカウンセラーは他人ですから異物なわけです。いくらラポールをつけてもその異物は同化されたりはしないのですが、自分のことをわかってくれているしわかろうとしてくれる、したがってこの人の前では安全で安心だからありのままの自分を出せるというふうにクライエントがカウンセラーのことを思ってくれるようになると、異物感はだいぶ薄められます。そしてそのことだけでも被援助感が得られます。筆者たちは家族療法に親しんでいる者が多い関係で、ジョイニングという言葉に馴染みがあります。この章ではジョイニングに関連することを述べたいと思います。

面接する場所としては面接室が多いと思いますし、適切な面接室の構造についてはよくモノの本に書かれています。部屋が区切られておらず他の人の出入りがあるようなところだと、落ち着かないどころか基本的なクライエントの秘密が守られませんから、安全安心が保証されません。区切られているにしても広すぎたり狭すぎたり、気が散るほど散らかっていたり悪趣味な絵や写真などが掛けられていたら、そんな部屋を使っているカウンセラーへの信頼感は芽生えにくくなります。面接室以外では訪問した家庭などが考えられますが、この場合は相手の領域に入るわけですから、面接室に来てもらったときと違い相手のペースにのせられてしまって、思うような面接が行なえないことにもなりかねません。したがって家庭の近くの公共の会場などの面接室を利用したり、学校の面接室を貸してもらったりするわけですが、それもならぬ場合は家庭を訪問することになります。訪問しても部屋にあげてもらえないときは、家の玄関先で面接せざるを得ません。しかし、それでも会えるだけましです。そして、その玄関先をよりよい面接室にしようと決心することになります。「会えるだけまし」と書きましたが、会えなかったら意味がないわけではありません。こちらが家庭訪問での面接を相手に取りつけたにもかかわらずすっぽかされ続けていても、相手は訪問してもらったことは承知していたり、置き手紙などで訪問を実感したりしている場合があります。この積み重ねが次に活きることがあるかもしれません。これは相手がこちらに出向く来所面接をすっぽかした場合にも言えます。自分がすっぽかした時間に相手が自分のために待っている姿を思い浮かべることもコミュニケーションの一つの体験です。

そんなにないかもしれませんが、街角で相手と偶然に出会って話しかけられたときには、その機会をどう捉えるかによって対応は異なります。少なくとも相手のペースにのせられることなく、相手との関係性、場所の要因、話題の重要度などに配慮しながら適切に対応する必要があります。また、どこでの面接にしろ、どの時間帯に面接を設定するかも重要です。夕食の支度で忙しい時間帯は避けるなどの生活人としての相手への配慮は、同じ生活人であるこちらへの信頼を得ることにつながります。

形が与える影響

面接室で相手とどう向かい合うか――これは物理的な話なのですが、正面から向かい合うか、90度の角度で向かい合うかということです。一般的には面と向かうことが多いと思いますが、同じ方向を向いて並んで座る→90度の角度で向かう→面と向かうの順に対人緊張が高まると言われています。いくら物怖じしない子どもでも、子どもが相手のときは90度の角度で行なうようになっている心理検査があるのはこのためです。このことを頭に置いておくと、相手の様子によっては面接の形を工夫できるでしょう。

手ぶらではなくハンドバッグなどをもって来談するかたが多いと思いますが、足下にそれを置くには抵抗があるときに、横にちょっとした台や台代わりの椅子があったりすると、そこに置くことができます。つまり面接の間、膝の上に置いておかなくてもいいわけです。荷物を身から離さない人を見て「防衛」を指摘する向きもありますが、防衛とそうでないものを区別するためにも、横に置けるような配慮は無駄ではないと思います。

筆者が在籍した児童相談所では、来談したかたに必ずお茶を出していました。もちろん、子どもに対してもです。これはよい習慣だと思っていました。お客様としておもてなしをしているわけです。来談しているかたの来談の内容や経過、抱えた事情などによって、相談所からどのように思われているかについての認識や感情は一様ではないはずです。でも、一様にお客様としておもてなしすることで、最低限のところはちゃんと保障しているというメッセージを伝えられているのだと思っていました。

似たようで異なるのですが、面接者としての筆者が、三つ揃いの紳士の前にスリッパ姿で現れてしまったことがあります。紳士はジロッとそのスリッパを見ました。見られたと思った私は見咎められたと思い、その思いに影響を受けながら面接を続けた記憶があります。紳士が見咎めたのかどうかはわかりません。でも、筆者はそれを機に、事務室ではスリッパを履いていても面接には靴に履き替えて向かうという習慣をつけました。靴や服装まで相手に合わせるのがよいというのではまったくありませんが、**相手の文化や習慣**を意識することはジョイニングをうまく進めるために重要な要素だということを、このエピソードは一つのインデックスとして筆者に示してくれました。

視線やうなずき、あいづちはここまで述べた「モノ」とは異なり、次節で述べる直接的な対人交流につながるのですが、「形」的要素の強い要因です。「相手とちゃんと視線を合わせて話しなさい」とはよく親が子に言う言葉だと思いますが、人によっては相手からあまり視線をしっかりとずっと合わせられるとしんどくなるのではないかと思います。ちょうどよい視線の合わせ方も、面接者自身にとって自然な感じや、相手にとってちょうどよさそうなところを探りながら調節されていくものではないでしょうか。うなずきやあいづちの重要さは、それをなくしてみたときによくわかります。相手のそれらがないところで話すことがどれだけ不自然で窮屈かを体験することによって、私たちは日常のコミュニケーションの成り立ちの面白さを実感することができます。面接場面はそのコミュニケーションを前面に出して行なうところですし、対人交流に双方が敏感になっている場ですから、うなずきやあいづちはその細かなニュアンスの如何も含めて、相手との交流に影響を強く与えることになります。

3 ジョイニングの展開

筆者の心に残っている体験

日曜日の午前、家にいた筆者はかかってきた電話に出てこう言いました。「はい、児童相談所です」。相手は「一瞬」と「しばらく」の間ぐらい無言です。その間に筆者も自分の間違いに気づいたのですが、相手からの第一声は、「ご主人、お疲れのようで……」という優しいトーンの聞き覚えのあるものでした。車のディーラーの松本さんでした。松本さんは、一瞬、電話番号を間違えたかなと思ったに違いないのですが、聞き覚えのある声と筆者の職業を知っておられたことでそのようにおっしゃったのでしょう。言われた筆者は、とても暖かく包まれたように思いました。「そうなのよ、わかってくださる？」と甘えた言葉が口を突いて出たのは言うまでもありません。筆者の間違いが間違いと指摘されずに丸ごと許してもらったような感じがしたのです。このように一言が相手の心に届くことがあるのですから、逆に一言が相手に違和感を与えることもあるわけです。

大学院生の面接実習の時間でした。相手の発言を要約して返すという実習です。筆者がクライエント役で高校の副校長です。「ホントにもう、校長は自分は何もしないで仕事を押しつけてばっかり、下の者は勝手な要求ばっかりしてくるし、保護者はとんでもないクレームばっかりで、もうやってられないんですよ!」。院生の井上くんは、「そうですか。先生、いろんなことがあって人間関係で苦労されてるんですね」。クライエントの筆者は思わず、「うーん、そんなんじゃないんですよ! 人間関係みたいなそんな通り一遍の言葉で片付けられても、私の気持ちはおさまりません!」と叫んでしまいました。井上くんの要約はまったくの的外れではないのですが、わかってほしいと伝えている本人からすれば、ちょっとしたズレがいらだちのモトになるのです。無論、クライエントは自分が抱えている事柄の全体を十分な検討もされていないその言葉だけでしか伝えていないのですから、それだけで自分のことをわかれというのも勝手な要求です。しかし、面接を業務とする専門家は、相手の言葉や表情やすべてのインデックスからできる範囲で相手の全体を理解しようとし、その時点でそれ以上でも以下でもない言葉を探すような作業を瞬時にすることになるのだと思います。井上くんの今後の精進を期待しています。

家族療法研修会のスタッフから、「研修生が面接の練習をするので、面接を受ける家族として手伝ってくれないか」と頼まれ、当時、娘は0歳と4歳でしたが、妻と4人で会場に出かけました。30名ほどの研修生の前で、家族4人と研修生の面接者1人が丸くなって座りました。面接者は約20分間ずつで交代し、結局、3名の面接者による1時間の面接を受けました。

トップバッターは20代の男性、山上さん。緊張しまくって汗も流れ始めています。「4人家族でいらっしゃいますか」「はい」「……」。「お父さんのお帰りは遅いんでしょうねえ」「遅いときもありますけど、そうじゃないときも結構ありますけどね」「そうですか……」。「閉じた質問と開いた質問」については次項で触れますが、山上さんがしたような閉じた質問に対しては一言の回答で終わることが多く、質問者は次の質問を考えなければなりません。次の質問といってもそういくつも用意されているわけではなく、まして山上さんは緊張していますから焦れば焦るほど何も頭に浮かびません。そんな様子が手に取るようにわかるのですが、でも彼は頑張ろうとしています。筆者は、「遅いときは11時頃ですかね。それから晩ご飯を食べて寝るわけですから、太りますよね」なんて問われてもいないのに続け、「家から職場までは約1時間でして……」と通勤時間まで自分で自分に質問して答えています。そして20分間の面接はどうにか和やかに進みました。山上さんがとても真面目で誠実そうで、頑張っていて困っている、そんな様子を見て助けずにはおられなかったのです。逆に言うと、そういう誠実さを感じなかったら筆者はこれほどまでサービスはしなかったかもしれません。誠実ささえあればどうにかなるなどと甘えてはいけませんし、ヘンな言い方ですが、誠実さは相手からの動きを誘う一つの武器になると思いました。

2番目の面接者は30代の女性、小川さんでした。優しく娘たちにも声をかけてくれます。「食べるもので好きなのは何かな」「……」。4歳の娘は大勢の人たちの前で緊張して固まっている状態です。「幼稚園でどんなお遊びしてるのかな」「……」。「じゃあ、かくれんぼとかしてるかしら」「……」。「……」だったのですが、親から見たらわかりました、特殊なカメラで撮影しないとわからないぐらいのかすかなうなずきが。ところが、小川さんは「そう、かくれんぼしてるんだ」と、娘のそのうなずきを見逃さなかったのです。そして、その小川さんの「キャッチ」が親としてとても嬉しかったのを覚えています。正直言って、この小川さんの「手柄」にはまいりました。

吉田さんは40代の女性で、3番目の面接者でした。「お宅では布オムツを使ってますか？」。挨拶が終わった直後にもうその質問で、赤ん坊が目の前にいるからオムツの話題だというのはわかるにしても唐突です。筆者はちょっと戸惑って妻に確認しながら、「使ってますけど、紙も使いますよ」と答えました。吉田さんは「ええっ!?　でもほとんど布ですよね」。そこらへんからヘンな感じがしてきました。そして反発心が沸いてきました。「紙もずいぶん多いですよ」。「そんなことはないでしょう。児童相談のお仕事をされてるお父さんのところなら」と吉田さん。「紙オムツは便利ですからね。紙のほうが断然多いんじゃないかな！」と筆者。もうこうなったら何の面接をしているのかよくわかりません。まるで反発製造面接です。吉田さんは、「紙オムツは赤ちゃんの育ちによくないから追放しよう」という運動をしているかたでした。それにしても、最初から布オムツを押しつけられている感じはビンビンと伝わってきましたし、「お宅では布オムツを使ってますか？」という質問自体に不純なものを感じました。質問はそのことについての相手の答えがわからないからするというのが原則だと思います。でも吉田さんの質問には、「紙オムツは使っていない」という相手がするべき正解がすでに想定されていて、それを押しつけられていたのです。これには2番目の小川さんとは違う意味で、まいりました。

「来てよかった」と少しでも思ってもらえるために

前節で述べた「スリッパ事件」にも通じるのですが、相手のしゃべり方やスピード、使う言葉などもそのかたや家族の文化を表していることでしょう。それらがこちらと大きく隔たりがある場合、「異文化の衝突」となって相手がそこにいるのがしんどくなったとしたら、もうその最初の時点でジョイニングとは反対の方向のことが進んでいることになります。相手のもっているムードに少しでも溶け込もうとすることが相手に好意をもって受けとめられるとしたら、つまり失礼にならないかどうかをチェックしながら、丁寧な物言いか少し砕けた会話か、「お父さん」か「パパ」か、「ユウカさん」か「ユウちゃん」か――自然に馴染もうとしてみたらいいでしょう。

前項の井上くんが挑戦した「要約」までいかなくても、相手の発言を繰り返すことは「そのことはちゃんと聴きましたよ」というサインになり、同時に「そういう内容としての受けとめでいいですね」という確認をしていることにもなります。ときに、あれもこれも心配でその心配事を羅列し、一体どれが一番重大でそれほどでもないことはどれなのかがわからないような発言をする人がいます。その場合、丁寧に確認しながら整理をしてあげることが必要です。整理された面接者の言葉を聞いて自分の思っていることとフィットしたら、その人の思いも少しは整理されるかもしれません。整理の方法としては、この心配事の羅列のときに限りませんが、一つには**箇条書き**をしてみることがあげられます。そして、その箇条書きされたものに心配な順とかで順位づけをすることができます。また、**スケーリング**（scaling）といって、たとえば「このことについて心配でたまらないのを10点、まったく心配ないのを0点とすれば、あなたは何点？」と尋ねて点数化するやりかたもあります。そうすると、主観的な心配な気持ちが自分にとってどの程度のものかを少しは客観視できることになります。

「質問」は面接時のコミュニケーションの重要な道具です。**閉じた質問**（closed question）と**開いた質問**（open question）の区別を知っておくと便利でしょう。前者は「いくつですか?」「20歳です」、「朝ご飯を食べましたか?」「はい」のように、答えが決まっていたり、「はい」か「いいえ」で答えられるような質問のことを言います。逆に後者は、「20歳になられて、どのようにお感じになっていますか?」「お食事は毎日どのようになさっていますか?」のように、答えが自由になされるような質問を指します。前者の長所は相手が答えやすいこと、短所は相手が自分から話を広げてくれないと一問一答式になりやすいことですが、後者は、答えたいように答えられることが相手にとって長所にも短所にもなります。つまり、答えの自由さがしゃべる動機づけを高める人もいれば、何をしゃべっていいかわからないという戸惑いに直結する人もいるのです。ですから、両方の質問の特徴を知り、それを自分なりに相手を見ながらうまく組み合わせることによって面接を進めます。とくにまだ知り合って間もない頃は閉じた質問が優勢になることが多いと思います。開いた質問は会話を自由により豊かにしていくのに貢献します。日頃、閉じた質問を多く用いる人は、開いた質問を意識して練習しておくのもよいでしょう。

いくら初回の面接だとはいえ、相手についての情報を何も知らないまま面接に入ることはまずないと思います。相談申込票などに必要最低限の情報が記されているでしょうし、インテーク面接を経ていればかなり詳しい情報も手に入っているでしょう。子どもの相談で、たとえば母子世帯だったとします。子どもの父親とは生別なのか死別なのか、それはいつなのかなど、相談を受ける側としては気になります。でも、いきなり父親とのことを母親に尋ねるのは気が引けます。相談に**デリケートな情報**はつきものです。ここで、それこそ先ほどの開かれた質問の登場です。「ご家族のこれまでについて、差し障りのない範囲で教えていただけますか？」とでも尋ね、もし「実はこの子の父親とは離婚しまして……」という答えが返ってきたら、「その離婚のことをもう少し詳しく教えていただいてかまわないでしょうか」と尋ねることができるでしょう。相手から提出された情報は、それは扱ってもいいというサインだとアプリオリに決めつけてしまうのは危険ですが、気遣いながら相手の状況を見て、探りつつ面接を進めます。当たり前ですが、このように面接者の中ではさまざまなことの感受、思案の連続です。でもその気遣いが相手に伝わります。

発達障害についてよく取り上げられますが、そこで言われていることは、発達障害を抱えている人やその人にかかわる人以外には無関係なことなのでしょうか。たとえば自閉症の三つ組みの特徴と言われるものがあります。対人関係がうまくいかない、コミュニケーションがうまくいかない、想像力がうまく働かないというものです。そしてその人たちが生活しやすくなるように、耳からの情報だけでなく目からの情報も提供するとか、「アレ」とか「ソレ」とかの抽象的な指示ではなく具体的な名前や内容を告げるとかの配慮が提唱されています。しかしよく考えると、これらは特別な配慮というよりは**より丁寧なコミュニケーションの提案**です。だとしたら、相手に発達障害があるかないかにかかわらず、この配慮はいろんな人とのコミュニケーションを少しでもうまく運ぶ機能をもつはずです。必要なことを紙に書きながら、ビジュアルな資料を見せながらの面接、暗黙の了解事もあえて言葉で明確にしながらの面接など、わかったふりのうなずきではなくホントに了解したうなずきが交わせる面接のために、配慮できることはいろいろとあるのではないでしょうか。

面接の相手が複数の場合、家族合同面接などがそれにあたりますが、できれば全員が「来てよかった」という思いで帰ってほしいものです。そのためには、面接の中でそれぞれが一定の役割を果たしたと思えることが必要ではないでしょうか。面接者が1人にだけ質問して他の人に向けてはしないよりは、できるだけ公平に全員に向けて尋ねるのがよいでしょう。結果として全員が同じ量ずつしゃべったというわけです。でも、質問しても答えない人がいます。その人のことについては、他の人に「彼はこのことについてどう思っているのでしょうね」と尋ねることができます。そしてその答えについて「こうおっしゃってますが、どうですか」と最初答えなかった人に尋ねたら、うなずくだけでもしてくれるかもしれません。

家族に小さい子どもが含まれている場合、大人中心の会話にはなかなか入れません。絵を描くことならその子が得意だとしたら、みんなで絵を描く時間を取り入れてみたらどうでしょう。先ほど「全員が同じ量ずつしゃべった」ということが重要だと書きましたが、実はその人がしゃべらなくても、「全員の思いが同じように重視され扱われた」ことが大切なのかもしれません。そして、先ほどのその人のことをその人以外の人に尋ねる質問のしかたを組み合わせることによって、家族の関係性のありようの一端が浮かび上がる可能性もあります。

4 生身の面接者の心理

面接者自身の対人関係性

前項の「『来てよかった』と少しでも思ってもらえるために」の初めに書かれてあってもよさそうなことが、**よく話を聴いてもらえた**ことと同時に**面接者から批判されなかった**ということです。つまり、相手がそれがダメだということはわかったうえで、でもそうせざるを得ないやりきれなさも含めて来談しているとしたら、面接者がやっぱりそれはダメだと批判すると、相手は面接者にわかってもらえない辛さやいらだちを抱えてしまい、もう次からは相談に行かないことにもなってしまいかねません。面接者は相手を「批判しない」ことの大切さを知っています。でも「批判する」ことになってしまう罠にはまり込むことがあります。それは相手との**主導権争い**に巻き込まれる場合です。これは面接者のタイプによって異なるでしょうが、たとえば筆者の場合、「自分にはそれはできない」とか「自分が被害者だ」と言って譲らず、そういう自分の認識が正しいと主張する相手に対して、「いや、そうじゃない」という批判がうごめいてくるのです。そんなときはイライラしたり、落ち着かなかったり、焦ったりしています。これが相手に主導権をとられかけている状態です。そして実際に主導権をとられてしまって批判したりすると、相手はそれに対してなお自分自身を主張してきます。そしてそれに負けまいと批判のボルテージを上げると、こちらこそ負けるものかと相手はさらにヒートアップしてきます。まさに悪循環です。面接者も生身の人間ですからなかなかむずかしいことですが、このメカニズムを知り、自分はどうなりやすいかを知っていれば、少しはその場をうまくコントロールできるかもしれません。そして、相手が主張している内容ではなく、相手はそう主張したくなる状況にあるのだと一つ上位（メタ）の視点から眺め、たとえば「そうなんですね」と受け入れることができれば、主導権はこちらに保てたと思ってよいでしょう。

似たようなことですが、**正論**にもとづく指導や説教にも触れておきます。正論には立派な筋道が通っていますから、その内容について相手はなかなか反論できないものです。ですから聞いておくしかないわけですが、聞いていることをもってちゃんと受けとめてくれていると誤解し、さらに指導を続けるという悪循環にはまっている面接者がいます。その正論どおりに自分はちゃんとできているのかとふりかえる謙虚さが面接者には必要ですし、相手は正論どおりにいかないから来談しているわけで、正論どおりにいかないところから共有しなければ相談は前に進まないのではないでしょうか。また、相手が抱えている課題にかんして、最初から「自分も似たような経験をしたが、このようにして乗り切った」と自分の体験談を話す面接者がいます。その体験談を参考にしてうまく乗り切る人がいるかもしれませんが、「似たような経験」は「同じ体験」ではありませんし、もし同じ体験であっても、いま対処しなければならないのは面接者ではなく相手です。相手はありがたくうかがっているふりをしながら、「あなたの自慢話はいいから、私の相談にのってよ」と心の中で叫んでいるかもしれません。

さて、「批判をしない」でどうしたらいいのでしょうか。相手のありのままを「そうなのね」と受け入れることから一歩進んで、いや、受け入れるためにも筆者が大切だと思っているのは、ものごとについてのマイナス方向の見方を、どのように少しでもマイナスでない方向あるいはプラス方向にシフトさせ、それを言葉でどう表現するかということです。これは主導権を相手にとられて悪循環に陥るのを防ぐことにも深くかかわります。先ほどの「自分が正しい」と主張している相手の場合、主張してくれているからこそその人の考えが伝わってくるわけです。そのおかげで面接の次の流れを組み立てることができるのだと思えたとしたら、「あなたの思いを正直に教えてもらえて助かります」という返しかたもあることでしょう。また、職場の上司から指示されたので仕方なく嫌々面接にやってきた人は「するべきことを自らしない人」ではなく、「嫌なのが当然なのに、それでもきちんと来てくれた人」かもしれません。

このように、マイナスのストーリーを作ろうと思えば作れるような事柄について、少しでもプラス方向のストーリーを作るには練習が必要です。私たちはマイナスのストーリー作りには慣れていますが、プラスのストーリー作りはわざわざそうしているようで、歯が浮くような感覚をもちがちです。家族療法に、**リフレイミング**（再意味づけ／re-flaming）という、「今日はこれだけしか仕事ができなかった」との否定的評価を「今日はこんなに仕事ができた」と肯定的に（あるいは否定的にではなく）言い換えるような技法があります。この技法を練習する最初のうちは、述べたようなぎこちなさを感じていたのですが、自分が口にするプラスのフレーズを聞きながら、そのうちに「ホントにそうだよなあ」と思うようになっていきました。つまり、リフレイミングの練習をしながら、筆者自身の認識枠がぐっと拡がっていったのです。もちろん、マイナスに色づけされたストーリーもプラスのそれも真実ではなく、そのような見方にすぎません。でも、世の中のことはこの「見方」で成り立っている部分が大きいのではないでしょうか。そして、少しでもの勇気や希望を求めて来談した人にとって、面接者が少なくともマイナスの評価枠をまとっていないことは、ありがたいことではないかと思うのです。

面接はライブ状況

面接の前には面接の準備を行ないます。少なくとも、どんな面接にしようかと頭の中でリハーサルしています。しかし、面接に入ればどんなことが起きるかわかりません。綿密なリハーサルを行なって実際もそのとおりに進行しようとすれば、その時点で来談者は置き去りにされています。ですから面接は「ライブ」です。準備はあっても素手で対応するわけです。何が起きるかわかりませんし、そのときにうまく対処できるかどうかもわからないわけですから、「自信」という言葉から距離の遠いところに面接者は居らざるを得ないでしょう。しかし面接とはそういうものです。だとしたら、とてもヘンな言い方ですが、**自信がないことに自信をもつ**ことが妥当なのではないでしょうか。「面接に自信がない」のが普通なのですから、普通であることに自信をもとうという意味です。つまり、面接は小手先ではうまくいかず、面接者の人間性をそこに注ぎ込むことになりますし、否が応でも注ぎ込まれてしまいます。ジョイニングがうまくいくかどうかは、面接者の対人関係力にかかっていると言えるでしょう。こう書くと、初学者は自分の力に疑いをもって尻込みするかもしれません。たしかに、対人関係力の育成にはあらゆることが寄与するように思います。生活経験や加齢も重要な要素です。筆者がリフレイミングという技術から認識を広げたように、技法も小手先のものではありません。しかし、その熟練のためにも経験は必要です。べつに対人援助のできる完成品を面接で相手の前に呈示するのではなく、未完成でも支えにしてもらえるかもしれない伴走者としてそこに置くのだとしたら、相手からの反応に敏感でいながら、伴走の意味や形について勉強しつつ日々チェックし修正している柔軟な自分を、暖かい目で見てあげたらよいのではないでしょうか。

「ジョイニングに始まりジョイニングに終わる」という章題を掲げました。ジョイニングは初回面接のときにとくに重要です。そして面接の各回の最初にもジョイニングを意識したやりとりをしています。そしてそれだけではなく、ここまで文章を書きながらあらためて感じたのですが、ジョイニングは面接の全編でその底にずっと流れています。ですから章題のとおりなのです。

家族療法の最終回の場面です。家族のかたが面接者に「おかげで、どうにかやっていけそうです」とお礼を言っています。面接者は返します。「〝おかげ〟ですか？　どうにかやっていけそうなところまで漕ぎつかれたのはご家族の力のおかげです。これまでたくさんのご家族にほんの少しずつのお手伝いをさせていただいてきましたが、困難な状態からお宅ほど自力で立ち上がってこられたご家族ははじめてです。そのお力はきっとこれからもみなさんの財産になっていくでしょうし、立派なご家族を見せていただいて、こちらこそありがとうございました」。——締めくくりのジョイニングで終わりました。

Part II

目的に応じた面接

1 仕掛ける面接I

「変化への抵抗」を超える実践例

衣斐哲臣

面接は、何らかの意図をもった出会いです。本章では、面接者が積極的あるいは戦略的な意図をもって行なう面接を「仕掛ける」と呼びます。仕掛ける面接は、状況のニーズや目的に応じて行なう、変化を指向した実践です。

筆者の仕事始めは病院心理臨床でしたが、初心の頃からこのような考え方をしていたわけではもちろんありません。むしろ、自分の面接が○○療法とか□△理論に則っているかを気にしたり、スーパーバイズを受けるときも正しい答えを教わるような気持ちが優先していたりしたように思います。つまり、目の前にいるクライエントよりも、書物や研修のなかに正解を探すようなスタイルだったかもしれません。今なら、〈私の面接はお役に立っていますか？〉と直接クライエントに聞くなかで、私自身の面接のやり方を修正する発想もあります。また、近頃は、援助者とクライエントの間に介在させるものを想定し、クライエントとの関係性や面接目的にフィットした介在のさせ方ができれば、特定の治療論や技法に依らなくてもいいのだと思えるようになりました。これで、面接がずいぶん楽になってきたと思います。

病院心理臨床歴15年を経て児童福祉臨床歴が18年になった時点での本章です。

はじめに――仕掛ける面接、仕切る面接

面接において、「**仕掛ける**」と言うとどんなことを想像されるでしょうか？

通常、対人援助における面接者とクライエントの関係は、クライエントのニーズや目的に応じて協働的に進むもので、そこで交わされる会話もクライエントの主体性を尊重したもの

であることが原則です。たとえば、社会構成主義をベースとしたナラティヴ・セラピーの分野では、とりわけ治療者の専門家性を排除し、両者の心理的に対等なパートナーシップ関係を重視した流れが見直されてきています（マクナミー／ガーゲン、1997）。

「仕掛ける」とは、そんな流れに逆行するような援助者の操作性や作為性などを想像させる言葉にも思えます。確かに協働的とか相互性というよりも、援助者側の論理優先の言葉です。そういう言葉を使う以上、説明が必要です。ここでは、次のように考えます。面接は、ある意味、特別な〝人と人との出会い〟です。つまり、特定の対象者への援助や福祉が目的の面接ですから、単なる日常での出会いなどではなく、目的に沿った**意図をもった出会い**です。この出会いにおいて、面接者の意図に含まれる**積極的あるいは戦略的な要素**を「仕掛ける」と呼びます。

面接の対象となる人はさまざまです。たとえば、筆者の現在の職場は児童相談所なので、対象者は原則18歳未満の子どもと子どもを取り巻く家族や関係者です。対象者のニーズがそのまま援助や福祉の目的や目標となればシンプルですが、そうとは限らない場合があります。たとえば、児童虐待や非行ケースへの援助においては、必ずしも対象者と援助者側の思いは一致しません。つまり、虐待ケースの保護者が虐待認識を持ち、援助を受ける動機づけがあるとは限りません（虐待ケースのうち自覚と援助のニーズがある保護者は3割だとも言われます）。また、非行の子どもの多くは、何らかのデメリットや危機を自覚しないかぎり、自分の行為を改めようとしませんし、自ら援助を求めてくることもありません。

こんな場合、援助を求めていないからと言って、虐待状況や子どもの非行行為を放置することはできません。なんらかの介入を行ないます。すると対象となる人との間に対立や反発が生まれます。援助者は対立や反発は必然と受け止め、それを超えて関わります。こんな場面こそ、援助者は能動的な意図をもって「仕掛ける」ことになります。

その他、対立や反発はなく、問題を自覚し援助を求めてきたケースであっても、状況が移り変わる場合にはなんらかの「**変化への抵抗**」が生じます。変化は時間の経過とともに必然です。自然に変わっていく受身的な変化もあれば、以前のものを捨て新たなものを受け入れる覚悟と体制が求められる変化もあります。後者の変化の場合には、前者よりもエネルギーがいりますし、質的転換が必要となることもあります。そこには多少の差はあれ、葛藤や混乱、両価性、怒り、不全感などの心的状態が生まれ、葛藤回避や対立、攻撃などの「変化への抵抗」が生じます。問題の解決のためには、この**変化抵抗を超える**ことが必要です。援助者はそのために関与します。このような場合も、援助者は意図をもった面接として仕掛けていくことになります（**図1**参照）。

一方、「仕掛ける」に似た言葉に「**仕切る**」があります。これも、普段使い慣れない人にとっては支配性を感じる言葉かもしれません。相談とかカウンセリングとは、もっとマイルドで優しく受容的なものではないのか、そんな印象を持っておられる人にはよけいそう思われるかもしれません。筆者も面接の雰囲気や中身は、優しく穏やかなものでありたいと常々思っています。しかし、そうでない場合もあります。「仕切る」とは面接の場に対し面接者が責任を持つことを意味します。経験が乏しくても未熟でも、対人援助の場における責任は援助者が持つことが要求されます。面接のなかでの主役は、クライエントです。主役であるクライエントの主体性を大事にしながらも、面接者は面接の主導権を持ちます。そのために面接の場を仕切り、変化のために仕掛ける

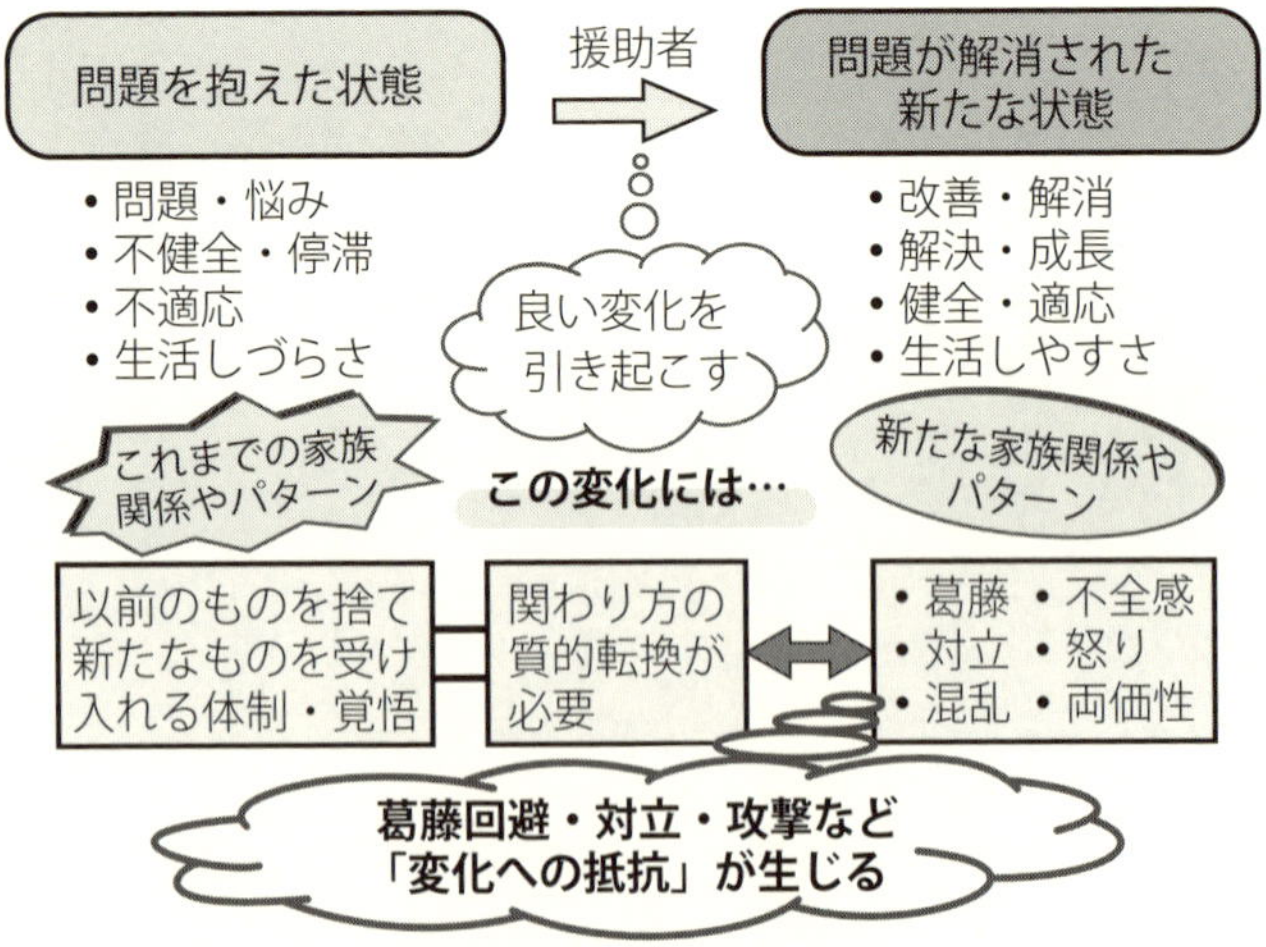

図1　変化に伴う抵抗

ことも必要になります。

中国の古典「荘子」に出てくる名調理人「包丁」（包丁の名の由来の人物）の話を紹介します。彼の包丁さばきにかかると、切られる牛は痛みを感じないばかりでなく、刃を入れられたことも、身体がバラされたことも、死んだことすら気がつかないというのです。

この逸話は、ある事例検討会で提出した筆者の面接スタイルを評した助言者からいただいたコメントのなかで紹介されていたものです。筆者がそれほど鋭い面接を行なっているなどとはゆめゆめ思いませんが、本稿の「仕掛ける」や「仕切る」究極の面接イメージはこの逸話に近いかもしれません。

1 ある勉強会での事例

もう少し現実的な事例を示します。最近のある勉強会で扱われた事例です。

小学4年生のタカシが「言うことを聞かない」という理由で、母親に叩かれ夜中に家から放り出されているところを発見され、児童相談所に保護されました。2週間後、タカシは両親のもとに帰りました。しかしその後も、口答えをするとか弟をいじめるなどの理由で、再び母親から過剰に叱責される毎日になっていました。

そんなある日、母親の要望に応じて、児童相談所から担当の児童福祉司と児童心理司が2人で家庭訪問をしました。そう新しくない市営団地の2DKの家でした。トラック運転手の継父は不在で、母親と1歳になったばかりの異父弟、それに母親の友人という女性がいました。

居間に通されテーブルに着くと、母親の矢継ぎ早の不平不満が始まりました。弟をあやしながら、タカシにいかに困らされているかが述べられました。居間に入ってこようとするタカシに対して「あっちに行ってなさい」「宿題をやりなさい」と追い払います。自分のことを言われているのが気になるのか、タカシは落ち着きなく部屋を出入りします。母親は「ほんまに言うこと聞かん！　あとでしばいちゃるからな！」と乱暴に言い放ちます。職員には「実際にはやってませんよ」と愛想笑いを見せ牽制します。逆に、友人は「いつもこんなんで母親は困ってる、そういうのをあんたらはほんとにわかってるの。何も助けてくれてないじゃないですか」と攻撃の矛先を児童相談所に向けました。

母親は「一時保護から帰ってしばらくはおとなしかった。でも1ヵ月もしない間に、自転車を盗るわ、弟をいじめるわでよけいに悪くなっている」などと言います。

その後、児童福祉司は友人と母との否定的言動に押されながらも、子どもの多動の特徴を話題にして薬物投与の可能性を探るため、再度一時保護することを提案しました。すると、母親の気持ちを代弁するように、友人が「もう1回保護するって、帰ってきたらよけいに悪くなるって言ってるじゃないですか！」と反発して言いました。

さて、これに対しどう対応しますか？

母親はやや控え目に、友人はあからさまに児童相談所に批判的です。子どものことで困っていれば何とかするのが仕事だろうぐらいの言いぶりです。この友人の言葉を受けて返します。三択です。

A〈でも、前の一時保護の後、あのタカシくんが1ヵ月もおとなしかったんでしょ。それなりに効果はあったと思うんです〉

B〈いや、前の一時保護とは、違う意味合いで保護を提案したいんです。その意味合いを説明させてもらっていいですか〉

C〈そうですよね、1ヵ月しかもたなかったですもんね〉

正解があるわけではありません。どれも成立するはずです。

しかし、これまでの文脈を変え、この後のやりとりに変化を導入するという意味で筆者はCを選択します。つまり、この返しの直前まで、謂れのない批判かもしれませんが、職員は母や友人から他罰的に否定されています。この否定に対し、A、B、Cそれぞれの言い出しの言葉〈でも〉〈いや〉〈そうですよね〉に着目すると、肯定はCです。AとBの言い出しは否定であり、その後にどんな言葉がくっついても、友人もしくは母親の発言を否定していることになります。この事態で新たな展開を果たすには、相手を否定するより肯定する流れのほうがベターです。

ここで〈そうですよね〉という肯定、さらには〈1ヵ月しかもたなかったですもんね〉という受けとめ方は、逆説的ですが、「あれっ?」と相手の意表を突くはずです。「私の言っていることを認めるの!?　もしかして味方……?」と。そのうえで提案します。もし役割分担ができるなら、ここは批判の矢面に立っている児童福祉司に代わって児童心理司が登場するのがいいかもしれません。

では、Cの展開はどうなることが想定されるでしょうか?

児童心理司：そうですよね、一時保護の後、1ヵ月しかもたなかったですもんね。
母：……えっ?　そう、そうですよ。

児童心理司：1ヵ月ぐらいで元に戻ったり余計に悪くなるようでは意味ないですよね。
母：……そうですよ。言うことは聞かないし……。
児童心理司：おまけに弟のことはいじめるし、自転車は盗るし、宿題はやらないし……。
母：ええ、今もどうせ向こうの部屋で悪さしてるんよ。
児童心理司：えっ、そうなんですか?! それはたいへん！ では、ちょっと私が向こうへ行ってタカシくんと話させてもらってもいいですか？
母：ああ、どうぞ。
児童心理司：じゃあ、ちょっと失礼しますね。

児童心理司が部屋を移動し状況を変えます。児童福祉司は、仕切り直して母親の話を聞き始めます。友人の話も聞きます。タカシの話題は否定パターンになることが目に見えていますので、子ども以外のことを話題にします。そして、おそらく一時保護に応じる母親ではないでしょうから、現時点で一時保護の提案は控えます。母親の応援団である友人の役割も十分肯定します。できれば個別に話した児童心理司が、母親が受け入れそうなタカシの特徴を話題にしてみます。残念ながら、魔法のようにすぐに母親が期待する子どもに変えることはできないのも納得してもらいます。それでも今後、できるだけの応援はする旨を伝え、友人や継父を含めた母親支援のネットワークを築くことを目指します。母親が納得を示したら、その代わり子どもを叩いたり放り出すことはしないようにと念押しをします。

——このような展開が実際に起こるかどうかはやってみないことには不明ですが、テンションが上がったところに、Cのような言葉で仕掛けることで事態が変わり展開は起きやすくなります。このようなことが**文脈を読んだ上での仕掛ける介入**です。

2 「変化への抵抗」の見立てと基本的対応

意図的にしろそうでないにしろ、対人援助の場に登場する人（クライエント）は通常、何らかの困難や問題を抱えた状態から、問題が解決・解消した状態へと変化を望んでいます（あるいはそう仮定します）。しかし、上述のように、たとえ変化を望んでいたとしても同時に「変化への抵抗」が現れます。それを3つの指標についてアセスメントし、対応を考えます。

見立てのための3つの指標

「変化への抵抗」を見立てる3つの指標とは、(a)**問題の認識がある**(Y)かない(N)か、(b)**改善・援助への動機づけ**がある(Y)かない(N)か、(c)**援助者との関係**が親和的にできる(Y)かできない(N)か、です(図2)。

いずれもクライエントがもっている固定的・絶対的なものではなく、援助者の関与によって変動しうる流動的なものです。基本的にはクライエントが持っているものですが、援助者のアプローチにより変貌するものです。

また、単純化するために、ある(Y)かない(N)かの択一で書いていますが、実践では段階的に見立てるほうが臨床的です。もう少し具体的に説明します。

(a)**問題の認識**とは、問題とされる事態をクライエントがどのように認識しているかです。たとえば、虐待をした親が自分の行ないをどの程度虐待と考えているのかという認識の具合です。「虐待ではない、しつけだ」という主張をするケースは多くありますが、実際の行為について明らかにし親の認識のあり方を確認します。あるいは、非行の

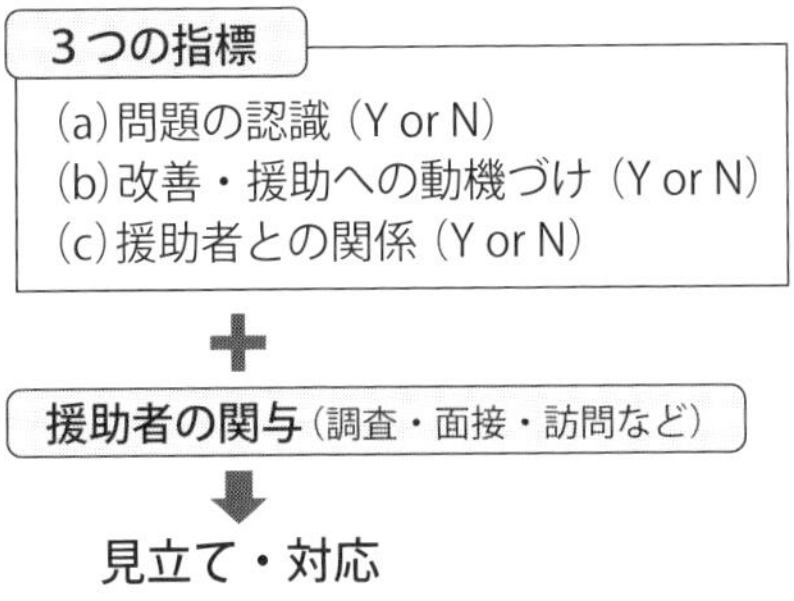

図2 「変化への抵抗」の見立てと対応

子どもや保護者が、実際の行為をどのように認識し自覚しているかを確認します。

(b)**改善・援助への動機づけ**とは、問題や現状を改善したいとか変えたいという意思およびそのために援助してもらいたいという気持ちです。その動機づけの程度を面接のなかでアセスメントします。最初から意識されている場合もあれば、やりとりをするなかで明らかになる場合もあります。反発や攻撃の背後に、援助への動機づけが隠されている場合もあります。相手とやりとりをするなかで、心情に添いながら、訴えの中に含まれる動機づけの質や指向性を注意深く見立てます。

(c)**援助者との関係**は、面接がうまく進められるかどうかの鍵になるものです。明らかな拒否や強い抵抗があるレベルから、十分に親和的で協調的なレベルまで、その様相はさまざまです。援助者がクライエントに共感したり、合わせること（ジョイニング）を通して効果的な援助システムを形成することは、対人援助を目的とする面接の第一歩となります。

以上の3つの指標は連関するところもあり、単に客観的情報や一方的調査や心理査定によってではなく、援助者が**関与しながら見立てます**。ジョイニングやリフレイミングをうまく用いて関係性を変えることにより、相手側の変化への抵抗は変わります。そこに面接の工夫の醍醐味があります。どんなに工夫しても、もともと抵抗が強かったり変化のタイミングではない場合もあります。初期の段階でアセスメントを行ない、仮説的に援助方針をたて面接は進みます。面接が進むなかで、この仮説や方針は適宜修正していきます。

３つの指標による３つの基本的対応

図３は、虐待ケースについて示した３指標と対応の関係です。要約します。保護者に、虐待という認識があるか、改善・援助の動機づけがあるか、援助者との関係がとれるかという指標に基づき、対応のあり方が変わります。３つともない（Ｎ）場合には高リスクとして職権介入もありえます。３つがある（Ｙ）方向に傾けば、援助者との関係もとれて福祉的援助が可能になります。

この図を参考にしながら、３指標を「Ｙ」か「Ｎ」によって区分した３つの場合の基本的対応を考えてみます。

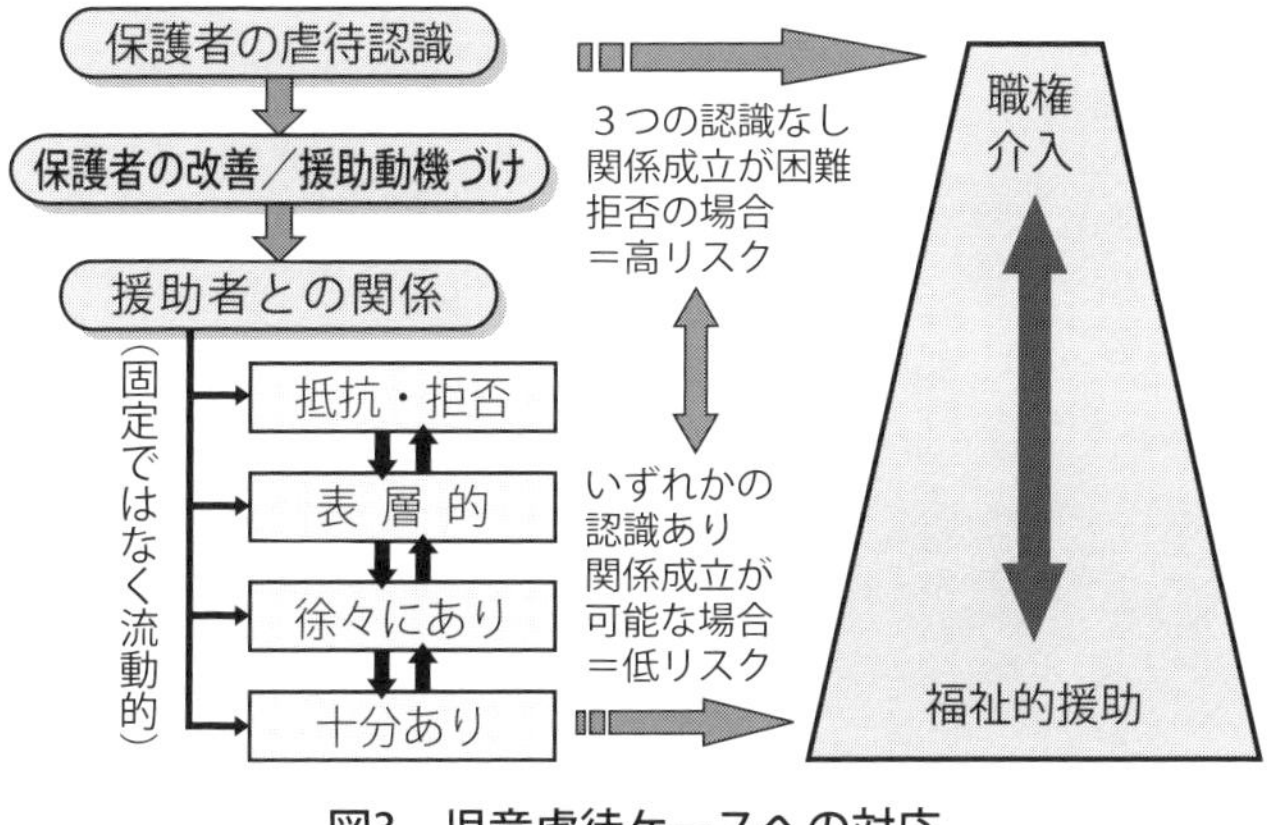

図3　児童虐待ケースへの対応

①3指標とも「Y」の場合

問題の認識があり、改善・援助の動機づけがあり、援助者との関係が十分ある場合です。解決志向アプローチで言うカスタマー・タイプに相当するクライエントです（バーグ、1997）。買う意欲が十分あって来店した顧客にたとえられます。欲しい品物があり、勧め方に失礼がなければ、比較的スムーズに商談が成立します。

面接においては、良いパートナーシップのもと、クライエントの動機づけに合わせて適切な援助方法を提示し介入ができれば、比較的スムーズな変化が望めます。良好な援助関係をベースにした福祉的援助や心理療法が可能です。

②3指標のうちいずれかが「N」の場合

問題の認識が弱かったり、改善・援助の動機づけが弱かったり、援助関係が弱かったりする場合です。どの指標が「N」なのか、その理由は何かなど、「N」の内容をアセスメントする必要はあります。問題の認識が弱ければ、それを明らかにしたり心理教育的に修正をする必要があります。

解決志向アプローチで言うコンプレイナント・タイプに相当するクライエントです。自らは変わる動機づけがなく、他者に対し不平・不満を述べ立てる人です。指示は無効化されることが多いため、実行を期待した指示は出さないことです。こういうタイプの人には、批判的にならず相手の言うことに耳を傾け、あわよくば話の中に隠れた動機づけを探すことを試みます。あるいは、援助者に対し防衛的であれば、まずは親和的な会話によりほぐれてくるのを待ち、関係づけをしていくところから始めます。

③3指標とも「N」の場合

問題の認識がなく、援助への動機づけも援助者との関係も不成立の場合です。そのままでは、面接そのものが成り立ちません。この場合は、まずは**放置できない状況の有無**を判断します。虐待、暴力、犯罪、生死に関わる問題など放置できない状況がわずかでもあれば、現実的な対応が求められます。相手の主体性を大事にするなどと悠長に構えていられません。待つことや躊躇は事故や過失につながります。直接関与し、状況次第では強権的介入も考えます。

しかし、リスクや放置できない状況がない場合には、相手にその気がないわけですからすぐに関与することも問題を扱うことも困難かもしれません。ここに、解決志向アプローチで言うビジター・タイプを含めることができるでしょう。ただ訪れただけの人であり、変わる意識や意向は感じられません。保留にするか経過を見守りながら関与のタイミングを待ちます。

放置できるかできないかの判断材料が足りない場合は、何らかの働きかけを行なうなかで相手の反応によりアセスメントします。たとえば、「向かいのマンションで毎夜大人の叱る声と子どもの泣く声が聞こえる」という通告があった場合、どこの部屋なのか特定されなければ1軒ずつ訪問する必要だってあります。訪問して失礼を詫びながらも直面化し状況を判断します。

このタイプの人には、粘り強く、いずれか1つでも「Y」要素を見つけるようにします。その場合、いきなり(a)の問題の認識を持たせようとするより、(c)の関係を構築するために相手を尊重し相手が好む話題やネタを探し、親和的な会話を交わすようにします。そして、願わくば(b)の相手の改善・援助への動機づけにたどり着いて、そのうえで(a)の問題を穏やかに取り上げるといった面接の工夫が必要です。

また、さらに特殊な状況かもしれませんが、児童相談所には不当な要求を突きつけてくる保護者がいます。職員に対し不平・不満をぶつけてきます。それがある程度正当なクレームである場合と、無理難題な要求である場合があります。前者に対しては、クレームの真意や相手のニーズを探るなど面接による対応が必要ですが、後者であれば常識的な面接を超えた対応、すなわち面接を打ち切るとか警察通報など組織的で毅然とした対応が必要になります。

「変化への抵抗」を超えるための3要素

面接では、ケースに対してよい影響を与えて望ましい方向への変化を促します。しかし、変化には抵抗が伴いますので、それを超える支援が必要です。3つの要素を挙げます。

1つは、何らかの**変化に結びつけるための理論**です。既成の心理療法やケースワークの理論でもいいし、面接者の姿勢や考え方と言っていいかもしれません。求められれば答えられる、ケースに対する説明責任となる考えです。

2つめは、実際に**変化を促すための技法**です。これも既成の対人援助技術でもいいし、面接者が独自に考案したものでもかまいません。変化のために使える**資源活用のワザ**といえるものです（衣斐、2008）。

3つめは、**気合い**です。相手の変化に伴うエネルギーの高まりを利用し、相手と協働し抵抗を乗りこえる援助者側の心意気です。「気合いだ〜！」と前面に押し出したものでなくても、静かで穏やかな気合いもあります。

この3つのハーモニーが変化を支えます。この3要素がそろい、上記の3指標により相手方の見立てを行ない、基本的な対応方針を決めます。一つの事例について、少なくともこの程度の情報と見立てが揃うと、**仕掛ける面接の準備**ができたと言えます。

3 仕掛ける面接——非行事例

以上、述べてきた変化抵抗の見立てと基本対応を踏まえて、非行事例のある対応場面を紹介するとともに解説を加えます。

事例の経過

小学6年生のタロウは、母親と小学3年生の弟の3人家族です。ある日、児童相談所に警察から連絡がありました。タロウを触法事件（14歳未満の少年が犯罪行為を行なった場合に触法少年、その行為を触法行為と呼びます）で児童通告したいとのことです。タロウは、単車盗や車上荒らしなどの触法行為を十数件行ない、警察の再三の呼び出しにも応じていません。今回さらに、弟と共犯で単車を盗み乗り回していたことも発覚しました。被害総額は100万円を超えると言います。警察としては、この事態を重く見てタロウの身柄を確保し同伴のうえで通告したいとのことです。

児童相談所では、警察からの連絡を受けて担当ワーカー（CW）が対応します。筆者は上司としてスーパーバイザー（SV）の役割を担当します。さっそく所内で協議をします。協議では、次のように決まりました。

小学6年生でこれほどの行為をくり返しているのであれば、すでに親の監護力を超えており、ただちに一時保護の必要がある。その後の施設入所措置も前提にした対応を必要とするであろう。できれば事前に母親だけを呼び出し、母親の問題意識や危機感の程度を確認する。その程度に応じて説明し、タロウを施設に入所させる覚悟を促したい。もし母親が一時保護を拒否する場合には、拒否に含まれる母親の心情をとことん掘り下げじっくり聞く必要もあろう。母親の心情を聞いたうえで、よほどのことでない限り、それを超えて施設へ預ける意義と必要性について伝えるようにする。

筆者からCWに対し、事前に母親だけを呼び出す理由について説明しました。つまり、一時保護や施設入所のことを、母親にいきなり話してすんなり了解する可能性は低い。ほとほと母親が困っており家で見ることはできないと最初から考えていれば別だが、たとえいくら困っていてもわが子を手放すことに抵抗がない親はない。そうなると、子どもを連れてきた際に、抵抗する母親の姿を見ることになる。それを見せると、子ども自身が事件の重大性よりも、母親との駆け引きに注意が向いてしまう可能性がある。これまでにも母親が子どもをかばい、子どもは許された気になりけじめがつけられずにきたことが推測される。母親が一時保護を拒んだり躊躇する姿を子どもに見せない方がよい。母親が迷いなく施設に預ける決断をしたという姿勢をぜひとも見せておいてもらいたい。むしろ、その後の施設への面会などを欠かさず履行し、親子の絆の確認や交流を図っていってもらいたい。この流れをスムーズに進めるためにも、事前に母親の話をぜひ十分に聞いておくことが必要である。

このような想定のもと、警察にも了解をしてもらい、母親だけを事前に呼び出すことにしました。母親は、CWの電話による呼び出しに応じてなんとか来所しました。

CWが母親と面接しました。母親は、タロウが小さい頃から家の金品持ち出しや窃盗行為をくり返してきており、どうしてよいかわからないと困惑の気持ちを話しました。しかし、施設入所については考えていない様子で、その理由を弟がかわいそうだとか本人が親に見捨てられたと思って余計に悪くなるなど、あれこれと並べ立てました。

このままでは、母親は施設入所の決断をすることはできないだろうと思えました。CWはいったん退室しSVである筆者に状況を報告しました。母親の躊躇の気持ちは当然でもあるが、この躊躇を長引かせない方がいいと判断し、筆者が入室しました。母親は表情には緊張を浮かべながらも穏やかに話し続け、確かになかなか煮え切らない態度でした。

筆者も穏やかに母親の気持ちを聞き入り、それでも施設入所が必要な子であると言い切りました。それに対し、母親は「これは強制ですか?」と聞きました。〈強制ではないが、それに近いものです〉と筆者もさらに言い切り、その意味を丁寧に説明しました。

やがて、母親は施設入所に同意しました。すかさずその決断をコンプリメント（賞賛）し、当日予想される子どもの抵抗や母親の心情等についてもあらかじめ伝え、対処の仕方を想定しました。〈たとえ子どもが泣いてお母さんにすがったとしても、お母さんは心では泣いても顔には涙や動揺を見せないでくださいね。タロウくんが迷いますから……。そこはぜひ頑張って超えてください〉と伝えました。また、〈せっかく決断をされたが、それを反対する人とか弊害になってくるようなことは何かありそうですか?〉と投げかけて考えてもらいました。母親は「それはありません」と答えました。このような詰めを行なうなかで、母親は若干の笑顔も見せながら同意書にサインをしました。

その2日後、警察官に連れられてタロウが児童相談所に来所しました。母親も同伴してきました。タロウは最初あっけらかんとしており、面接の中でも規範意識の乏しさや通常の感覚とのズレが感じられました。一時保護を告げると、タロウは母親の前で大泣きをして嫌がりました。母親は、ひるむことなく付き添いました。タロウの抵抗は続き、職員の説得と促しにも動きません。仕方なく職員がタロウの腕を支えました。タロウは、母親から救いの手がないのがわかると自分から立ち上がりました。

母親から離れ一時保護所に入所したタロウは、５分後にはけろりと泣きやみ、何事もなかったように他児の中に溶け込み順応しました。このような集団順応力は、母親との愛着関係の希薄さなどとは別に、むしろこの子なりに培ってきた対人能力なのでしょう。

その後、とくに抵抗を見せることなく経過し、自立支援のための施設に入所となりました。母親も施設への面会を続けました。

解説——仕掛ける面接

母子家庭であり、母親の他に決定権を持つ者はなく、基本的には母親の意向を扱うことで経過した事例です。この事例を上述の３つの指標に照らすと、「小さい頃から盗みがくり返されており困っている」という訴えにあるように、母親には問題の認識はあります。子どもにも悪いことをしているという認識はあります。ただし、慢性的にくり返される問題行動は、善悪の規範意識や今後どうなるかという危機感、なんとかしようという現実感を鈍磨させています。被害者側の怒りや恐怖の心情などにはほとんど無頓着です。その分、改善や援助への動機づけも緊張感のないものです。援助者との関係も、表面的なものに留まり十分とは言えません。したがって、３指標とも「N」に相当すると考えられます。

非行ケースの場合、問題行動の発覚により一時的に家族の危機意識や凝集性が高まることがあります。仕掛ける際には、その高まりとタイミングを利用します。このケースも、警察から事前に通告された内容や身柄付通告という事態を利用し、母親の呼び出しと家庭からの分離保護などの方法により危機感を高め、一気に仕掛けて事態を変えることにつなげました。その他、母親の変化抵抗を超えるために、CWとSVとの職制および職権による保護などの権威を利用しました。保護時に予想される事態についても、母親に対して事前に説明し心構えを持ってもらいました。それによって、母親も抵抗することなく経過しました。母親には、施設に入所することで生じる危惧よりも、**望ましい変化**や**肯定できるわが子の将来像**の可能性を伝え共有しました。

そして、面接の中でもっとも重きを置いたことは、母親の心情と立場を十分に聞き入り尊重することでした。意を尽くして、今後の支援を行なうという新たな事態への応援メッセージを母子に対し届けました。

おわりに

対人援助の領域において人が人を支援する場合、そこには何らかの理論や技法や社会資源などを介在させています。それぞれの臨床現場の状況や目的に応じて、対象者との間に**何をどのように介在させるか**という視点を、筆者は**〝介在〟視点**として提唱しました（衣斐、2012）。この**〝介在のさせ方〟の違い**が、多くの心理療法やケースワークの理論や流派でもあり、さらには各臨床家の面接スタイルの違いでもあると言えます。〝介在〟視点により、理論や流派を超えて、自分のやっている面接を見直したり、他者と共有したり、比較検討したりすることが可能になります。本章の事例は、筆者の介在のさせ方の実践例であり、「仕掛ける」という介入的な面接場面において児童相談所が持つ機能や筆者が蓄積してきたワザなどを介在させたアプローチです。本書の他章においても、各執筆者の個性が反映された介在のさせ方が読み取れることと思います。

最後に、「変化すること」について一言。良い方向に変化をしていく事例との関わりは、達成感をもたらします。反対に、変化が見られずやきもきしたり危惧だけが続く事例は、援助者側に忍耐が求められます。それでも、変化は相手のペースで行なわれることが原則です。どんな場合であっても、**相手尊重の思いを念頭に置いた仕掛ける面接**でありたいものです。

2 仕掛ける面接II

子どものそだちの安全を保障するために

菅野道英

〝仕掛ける〟を広辞苑で調べると、

①しだす。し始める。また、途中までする。やりかける。②動作をしむける。行動に出る。攻撃をかける。③押しかける。乗り込む。④装置を設ける。仕掛けをする。用意する。支度する。

となっています。

私が児童相談所で行なっている虐待相談の中の家族再統合に向けた援助（安

心子育てプログラム）が従来のカウンセリングベースの面接とは異なることから、編者がこのテーマへのオーダーを出されたのでしょう。仕掛けられて仕掛けるといったところでしょうか。〝仕掛ける面接〟と聞くと少し挑戦的なニュアンスがありますが、面接を始める前にいろいろな準備をし、計画的に、しかも積極的に働きかけを行なって、行動してもらうための面接。待ちの姿勢ではなく、攻めの姿勢での面接です。ベースには、家族療法、ナラティヴ・セラピー、ソリューション・フォーカスト・アプローチ（解決志向の面接技法：以下、解決志向）など、いろいろな技法があり、サインズ・オブ・セイフティ（以下、サインズ）の枠組みを用いた面接を行なっています。

1 〝仕掛ける面接〟が必要なわけ

児童相談所（以下、児相）は、子どもたちの権利を擁護し、子どもたちが自立した大人になって社会に適応できるよう援助をすることを使命とする行政機関です。従来、子どもが発達過程で示すさまざまな症状の対応に困った保護者からの相談に応じるということがほとんどでした。改善のニーズに基づいて、援助が始まります。基本的な対応としては、保護者や子どもから情報を聴取し、子どもに心理検査を実施したり、時には行動観察のために一時保護所を利用したり、関係機関への調査を行なって、総合的な診断をします。その診断に基づいて助言をしたり、継続的な援助（カウンセリングや心理治療）を行なってきました。このような援助の中で相談のニーズを明確に持たない保護者や子どもたちにも遭遇します。警察から触法行為（少年法が対象としない14歳未満で犯罪行為を行なった児童）として相談が回されてきた場合に、保護者から「仕事を休んで連れて来い!?　休業補償はしてくれるのか」「多少やんちゃでないと生きていけるか!!」と来所に抵抗されることもありましたし、子どもも「わからん」「知らん」を連発して糸口すらつかめないといったこともありました。

最近は、児童虐待への対応でニーズのない家族に改善を求めていくことが多くなりました。児童虐待は、時には命を奪いかねず、子どもたちのそだちにいろいろなひずみを生じさせ、生きにくさを与えてしまいます。拒否・対立の関係から援助を始めなければならないことが多く、いろいろな工夫が必要になっています。

2 対立の構図

虐待対応においても保護者の方から養育方法を改善したいというニーズで相談が始まることもあります。しかし多くの場合、何も問題と思っていないところに、突然「あなたの子どもへの接し方は虐待です」と投げかけられます。これは保護者にとっては、すべてを否定され、足元をすくわれるような体験になります。現状が受け止められず、否認、攻撃、合理化などの反応が出てきます。

これらは、保護者自身のアイデンティティを守るために防衛機制が働き、否認や合理化などが起きるという個人内の要因と、逮捕、失業、悪い評判などによる関係の悪化などの社会的要因による否認が起きます。また、専門職の側にもリスク中心に犯人扱いをしてしまいやすいという要因も相まって、援助関係を構築することが難しくなってしまいます。

家族の問題ストーリー

家族は、外圧によって直面化を迫られ、問題についてのストーリーを作ることになります（**図1**）。問題についてのストーリーは、これまでの生活の中で、家族をはじめとする様々な人との関係や所属する集団などの環境との相互作用によって、物事のとらえ方、感じ方、反応の仕方にその人なりの身につけたパターンによって作られ、家族員の大半がこれに縛られます。これは、現在だけでなく、この先も続いていくものとして存在しています。

たとえば、「叩くのは虐待ではなく、しつけなんだ」「この子が嘘をつくし、言葉で言っただけでは直らないので、体で覚えるしかない」「自分も小さいころ、よく叩かれた。厳しくしてもらったから今がある」「子どもたちも、今は嫌かもしれないがいずれわかる」と子どもが原因で叩かないと効果がない、叩くのはしつけで虐待とは心外だといった話にはよく遭遇します。

専門職の問題ストーリー

介入をした機関には、「虐待は子どものそだちを歪めてしまうし、生命の安全をも脅かしかねないので、止めなければならな

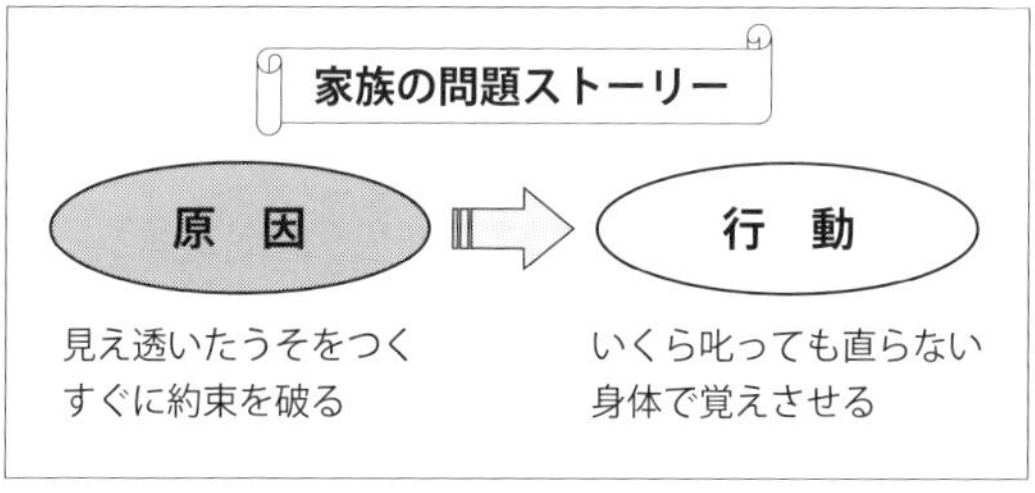
家族の問題ストーリー
原　因
行　動
見え透いたうそをつく
すぐに約束を破る
いくら叱っても直らない
身体で覚えさせる

図1　家族の問題ストーリー

い」という使命があります。そのため、虐待発生のリスクを中心にアセスメントを行ない、家族にどのような問題があるのかという専門職のストーリーを作って、家族に関わっていきます（図2）。

特に、クライエントから話を聞くことが難しい場合、問題の原因を明らかにするために関係機関からのリスクに偏った情報によって見立てをしてしまうことがあります。家族の問題を中心とした見立てで権威的に家族と接していくと援助が始められなかったり、膠着することになります。

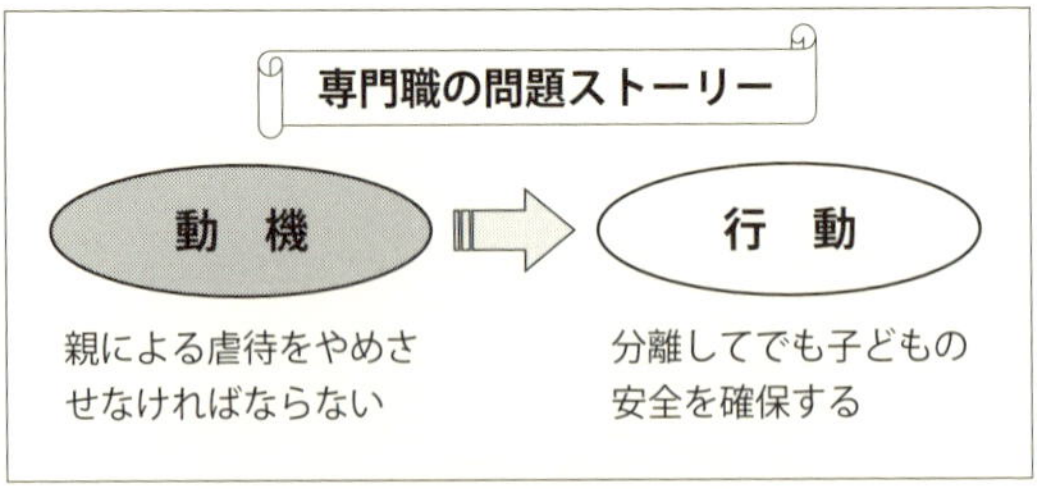

図2　専門職の問題ストーリー

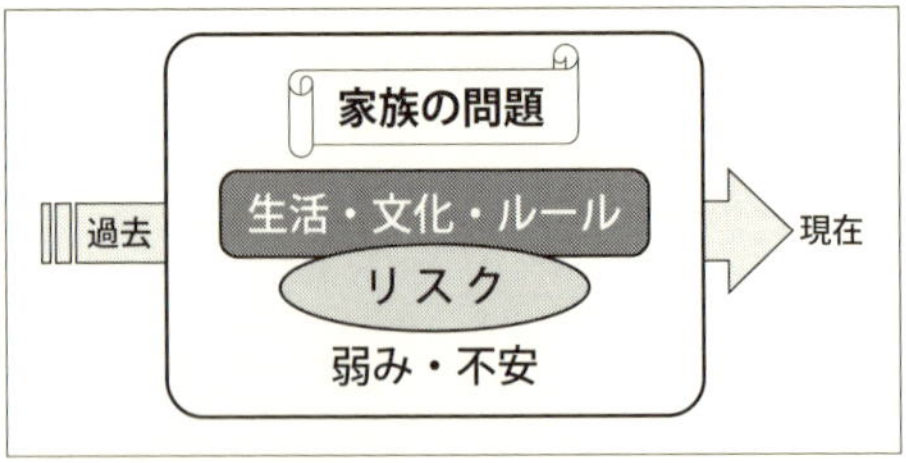

図3　問題中心のアセスメント

たとえば、「時期の異なるあざがあり、継続的に暴力を受けており、身体的虐待にあたる。父は『自分も叩かれてしつけられた』と語り、アルコール好きで、お酒を飲んで長時間の説教をしたり、体罰を加えたりしている。母も父からのDV（ドメスティック・バイオレンス）を受けており、子どもを守りきれないし、家事能力も低く、家は散らかり放題になっている」というストーリーを聞くと「この父親が問題なんだ、何とかしないと子どもの安全は守れない」となって、父の問題を改善するように働きかけていくことになります（図3）。

また、親の話だけで見立てをすると養育の方法ではなく、子どもの問題という本題のすり替えが起きてしまい、問題を維持するストーリーになってしまい効果的な援助が行なえないこともあります。

対立の構図

一つの事象をめぐって家族と専門職のとらえ方が異なるためにどちらの言い分が正しいのかが争点となり、対立の構図が生じます（図4）。専門職が子どものそだちの環境を心配して、援助を始めたいと思っても合意ができないために虐待が継続してしまうことになります。

また、合意を作るために、子どもの問題にしてしまって、家

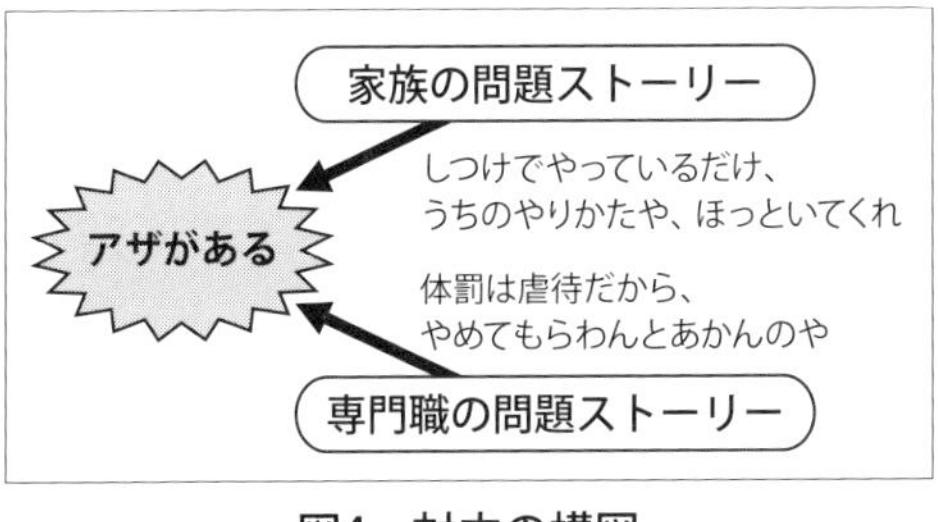
家族の問題ストーリー
しつけでやっているだけ、
うちのやりかたや、ほっといてくれ
アザがある
体罰は虐待だから、
やめてもらわんとあかんのや
専門職の問題ストーリー

図4　対立の構図

族と援助者が関係性を結ぶという間接的な対応をとることは、根本的な解決に結びつかず、虐待の再発のリスクを下げることが難しくなるので避けなければなりません。

3 面接のための準備

虐待相談の場合、援助する側に虐待の再発や悪化を認めるわけにはいかないという**譲れない線**があります。保護者の話をフォローしていくと主題がずれていく場合も多くあります。そのためには援助者の話が本筋からずれたときには穏やかに戻していくことも必要になります。そのためには援助者自身が〝ブレない〟ことがとても大切になりますので、自分たちが何を根拠に何を目指した支援をしているのかということを明らかにしておくことが大切です。

子育ての目標と援助の目的

私たちは、「子どもは安全で安心な生活の中で、適応的で自己効力感を持てる体験をしていくことによって、自立して社会に適応し、国民の義務を果たして生活していける大人にな

表1　従来の方法との比較

	サインズ	相談・治療
目　的	子どもの安心で安全な生活を実現する変化を引き出す	ウェルビーイング、洞察、成長、自己実現、健康な機能
ゴール	援助機関が定義し、利用者と合意する	クライエントによる定義
利用者	介入された家族	自発的なクライエント
専門職の役割	ジョイニング、傾聴などの基礎的な技術＋ソリューションの技術＋社会的統制と影響力をうまく行使する水先案内人	クライエントが欲するものに焦点を合わせる促進者

ることができる」と考えています。しかし、児童虐待は、安全で安心な生活を脅かし、身体や心に傷を残し、子どもに恐怖や不安、自信のなさを植えつけ、思い通りにするためには暴力をふるえばいいといった行動様式を身につけさせてしまいます。時には命を奪ってしまうこともあります。このため、「このままの養育が続くと、命を失ってしまうかもしれない」、そこまでいかなくても「成長の過程でさまざまな不適応を起こし、将来の生活の質の低下につながってしまう」という専門職の危惧から、介入的手法により保護者に対しては「養育の見直し」を求め、子どもには、これまでの養育で受けた「ひずみを修正する」援助を行なうことになります。

したがって、面接の焦点は、「**子どもの安全で安心な生活**」をどのように作り出していくのかということになります。一般的な相談や治療との違いを簡単に**表**

1に整理しておきます。

包括的な見立て

通常の援助は、クライエントの話をしっかりと聴き、適切な質問をして情報を集め、専門家の理論で問題についての見立てを作ります。その見立てに従って援助の方法をクライエントに提示して合意が得られれば援助が始まります。

相談援助を必要とする状況にあることから問題を中心にアセスメントを行ないがちになりますが、弱みだけでなく、強みについての情報も見立てに盛り込んでいくことが大切になります。また、過去の問題や現在の課題だけでなく、未来についての情報（希望と課題）も大切になります（図5）。

さらに包括的な見立てのためには、援助者自身の状況も踏まえて見立てをすることが大切になります。特に多機関の協働によって援助を行なっていく場合には各機関の持つ使命や方法論の違い、援助に直接携わる人の力量など援助者側についても総合的にアセスメントすることが必要です（図6）。

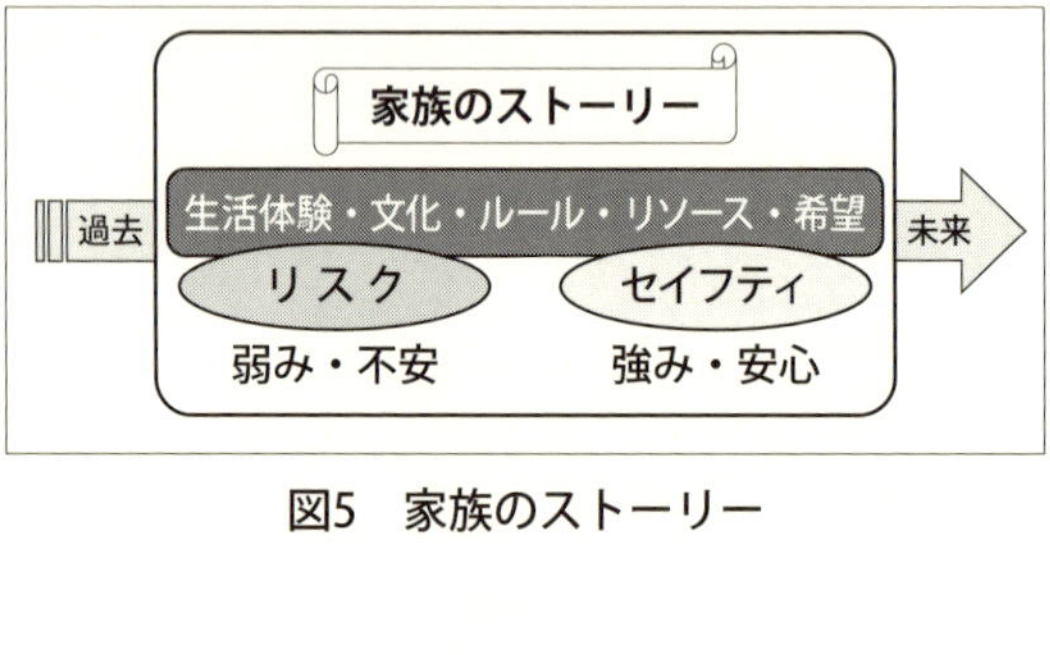

図5　家族のストーリー

このようにして、さまざまな情報から現状を総合的にアセスメントし、未来についての仮説を織り交ぜて包括的な見立てを作成するわけですが、この見立てを唯一のものとせず、相反する情報が入ってきた場合、**見立てを変更していく柔軟さ**も求められます。

ツールを選ぶ

冒頭にあった「装置を設ける」にあたる部分で、効率的に面接を進めていくためにツールを使っていきます。

●ホワイトボード　もっとも多用するツールです。いわゆるカウンセリングでは傾聴姿勢が基本ですから、援助者が席を立ってと思われるかもしれません。援助者はしっかり話を聴いて要約をホワイトボードに書くというのが基本になります。

その効果として、外在化、枠づけ、キーワードの抽出、統合、意味づけ、権威の利用などが

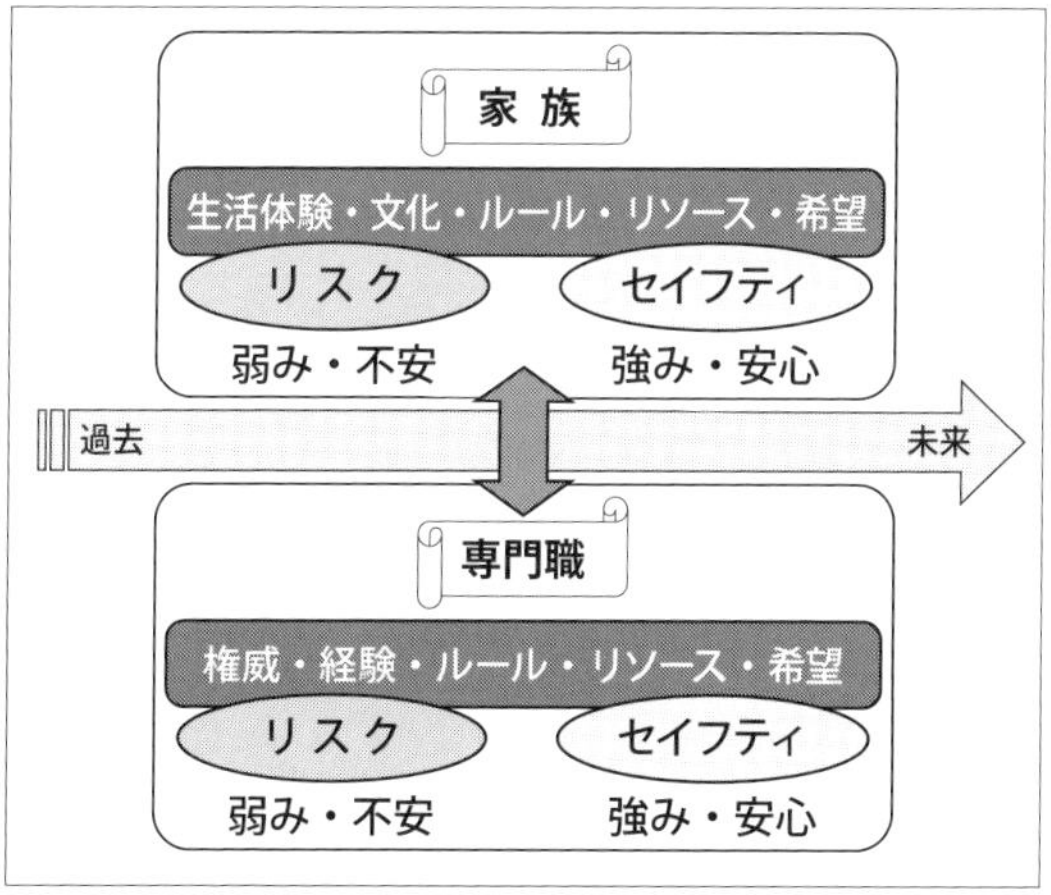

図6　包括的アセスメント

あります。

●**メソッド（方法と様式）**　サインズ・オブ・セイフティのメソッドを用いた多くの方法や様式が開発されています。それらを適切な時期に用いていきます。ここでは、最も基本となるアセスメントシートを私が使いやすいように改変した「援助のための整理表」を紹介しておきます（**表2**）。これは、援助者チームでのカンファレンスにも用いますし、家族との面接でも用います。

「安全を脅かすエピソード」は、エピソードを記述し、子どもが成長過程で獲得すべきどの課題が阻害されているのかを考えます。エピソードに振り回されず、援助のポイントを絞り込むために明確にしておく必要があります。

その後、「私たちの心配のストーリー」に移ります。この部分は、強制的にでも介入していく根拠のストーリーで、虐待対応において最も重要な部分になります。このままの状況が続くことで、子どもにどのようなひずみが生じ、どのようになっていくのかというストーリーを作成します。この援助者側の心配のストーリーを家族と協議し、合意を得られるようなストーリーに仕上げていくことが大切になります。

次に「良好なそだちを妨げるものは?」「良好なそだちの役立つものは?」で、発達上のニーズについてのリスクやストレングスについて現状の整理を行ない、分析を行ないます。

表2　援助のための整理表

児童名 ＿＿＿＿＿＿＿＿＿＿＿＿　H　.　.

安全を脅かすエピソード どのような子どものニーズを脅かす事態なのか

私たちの心配のストーリー このようなことが続くと、子どもが育ちの過程でどんなまずい体験をして、どうなると心配しているのか

良好なそだちを妨げるものは？（阻害要因）

良好なそだちに役立つものは？（促進要因）

スケーリング

私たちの終結のイメージ どのようなことが確認できれば10なのか

スケールが1～2あがったイメージ ショートゴール

そのために、どのようにして、どんな促進要因を増やす？

「援助のための整理表 Ver.7」（2012）菅野作成

この部分は、現状への直面化ですから、ストレスのかかるところとなりますが、リスクだけでなく、ストレングスも同時に扱うことで希望を持つことが可能になります。

スケーリングは、親子が共に暮らすことが危険な状態（たとえば命を脅かされる）を0として、子どもの発達上のニーズが適切に保障されている状態を10として、現状を評価します。

次に「私たちの終結のイメージ」では、現在の援助はどのような状態になれば終了することができるのかを考えるのですが、これは理想的な状態ではなく、あくまで援助者の所属する機関が考えるゴールになります。

続けて、「スケールが1〜2あがったイメージ」で今よりも少しましな状況をショートゴールとして設定し、何をしていくのかを話し合っていきます。

4 〝仕掛ける〟面接の留意点

一般的な相談で用いられるカウンセリング技法が使いこなせることが前提条件としてあります。たとえば傾聴姿勢は、常に意識をしておかなければなりません。仁王立ちで腕組みをしていては、対峙を表現しているだけで面接になりません。その他にも、要約や感情の反射などは多用されます。

援助の関係を築き、変化を生み出していくためには、合意を作ること、そして行動してもらうことが必要になります。決してスムーズに進むものではありませんが、粘り強く工夫をしながら取り組んでいくことが大切になります。私が面接のプロセスで意識しているところを述べていきます。

舵取り

虐待対応の面接は、安全につながっていく良好な接し方を求め、探し出し、強めていくことがテーマになります。しかし、援助者には虐待の継続や悪化を食い止めないといけないという**ボトムライン**（譲れない線）があります。また、保護者も現状を改善しなければ事態が一向に進展しないという現実に直面させられます。それらのため、目の前のリスクの解消や、うまくいかないことの改善に話題が集中し、原因の解消が中心の、問題志向の面接になっていく傾向があります。

面接の内容を解決に向けた変化とするためには、視野を広げ、変化に役立つものを探していくという面接の目的に進路を変えていく必要があります。

受け止め

面接の基本は受容にありますが、受容には「受け止める」「理解する」「承認する」といった要素があります。子どもの安全・安心を脅かすような内容には承認を与えるわけにはいかないのですが、そのような関係性にある親子を理解し、現状として受け止めていく必要があります。いわば、部分受容と理解をして、ボトムラインをしっかりと意識して面接に臨んでいく必要があります。

コツとしては、主語を明確にして話すことを心がけてください。ただし、全面対決ではないので、相手を責めるような言葉、雰囲気を前面に出さないように言葉のやりとりには細心の注意が必要です。

切り返し

あまり聞きなれない言葉ですが、虐待対応をしていく場合には、今の養育が子どもにとってどのような体験になるのか、今後のそだちの障害にならないようにするためには、どうすればいいのかを意識してもらう必要があります。虐待発生の要因となる保護者の抱える問題の解消に目を奪われて子どもの安全・安心が損なわれては意味がありません。

コツとしては、話している内容を受け止めながら緩やかに主題となる子どもの安心・安全な生活と関連付けた質問をしていくことです。

引き出す

相談ではどうしても問題志向になる傾向があります。解決志向の面接では、問題となるようなことが起きなかったり、ひどくならなかった時を探し、なぜマシにやれたのかを尋ねていきます。タイミングを見て、例外扱いされていて、解決に向かうヒントとなるエピソードに視点を移し、「それをあなたはどのように（可能に）したのですか？」といったような質問をして、クライエントなりの工夫を引き出していきます。

コンプリメント

解決志向の面接でよく用いられるもので、賞賛することとされています。ただし、上から目線で褒めるのではなく、いろいろな質問をして、肯定的に評価し、敬意を表してねぎらうことと理解してください。もちろん、クライエントの心情に沿ったものであることが必要であり、お世辞やおだてるといった操作的なものではなく、現実に根ざした内容でなければなりません。好ましい行動を肯定的に評価されることで、クライエントは自己評価を変えていくことができるとされています。

リフレイミング

リフレイミングは家族療法の技法の一つで、エピソードの評価をネガティブなものから、ポジティブなものに変化させるためのテクニックです。起きている出来事は変えずに、意味づけを新たなものへと変更することは、課題への取り組みの姿勢を強化していくことの助けになるとされています。虐待対応では、特に否定的な意味づけで語られることが多いので、肯定的な言葉で言い換えて事態への対応方法を話し合っていくことをしていきます。

はずす

コミュニケーションは、想定内で進んでいくことがほとんどですが、変化を導き出すためには意外な応答が効果的です。人は、意外な応答が返ってきたときに一瞬、息を止め、その言葉を心の中で復唱します。少し混乱しながらもいつもとは違う思考モードへ入っていきます。高度な技ですので、習練が必要になります。

5 〝仕掛ける〟面接の過程

以下の事例（経験を元に作成された架空事例）の面接場面からいろいろな仕掛けを感じ取ってください。留意点に挙げた項目以外にもいろいろなことが発見できるかもしれません。

B太の家族は、実母（F子）、養父（G雄）、姉（A子）、妹（C子）、異父妹（D子）、異父弟（E男）の7人家族です（**図7**）。「小学生のA子、B太、C子の欠席・遅刻が多い。季節に合わない服を着ている。朝食が摂れていない」との学校からの通告でかかわりが始まりました。

母にうつ傾向があり家事・養育が十分にできず、養父に仕事があるときにはA子が弟妹の世話をしていました。D子の保育園利用、家事支援のヘルパー利用、公的機関の家庭訪問などの

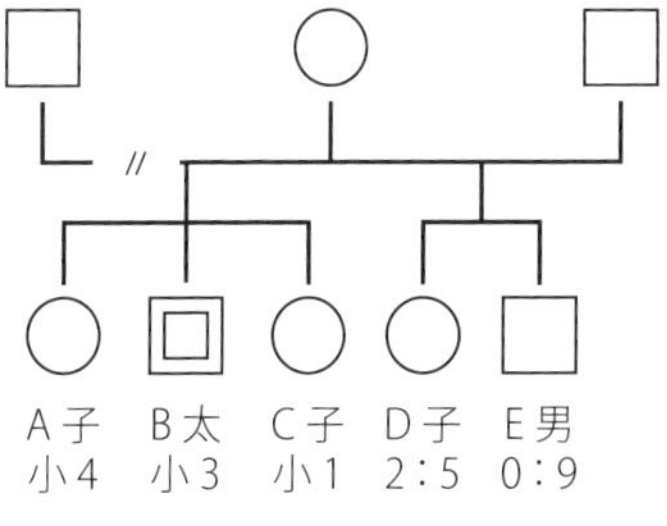

図7　B太の家族

援助をしてきました。

Ｂ太が頬を腫らして登校し、胸の痛みを訴えているという連絡が入り、子どもたちの安全確認など緊急対応をした結果、Ｂ太が当番の風呂掃除をせずにゲームをしていて、母の注意に口答えしたために、養父が怒り出してＢ太に暴力をふるったことがわかりました。そのことで両親がけんかとなり、父が家を出て行ってしまい戻っていない。養父の携帯電話は電源が入っておらず連絡が取れない。子どもたちが登校・登園した後に母が処方されていた睡眠薬を飲んで寝込んでいたということが判明しました。母を救急搬送し、子どもたち５人を緊急保護、Ａ子、Ｂ太、Ｃ子は一時保護所に、Ｄ子、Ｅ男は施設に保護委託となりました。

母の命には別条はなかったものの精神的に混乱していることで様子を見るために入院となり、自宅に戻った養父から警察が事情聴取をしているということが判明しました。

養父面接

警察の事情聴取を終え、警察の指示で養父が児童相談所にやってきました。受付窓口で対応した職員は、つっけんどんな受け答えをする養父に、疲労感、焦燥感を感じたとのことでした。面接室に案内して、席に着いて自己紹介をした後の会話です。

養父：警察から相談に行けって言われて来た。B太はあれぐらいやっても言うことをきかん。警察も虐待だと言うし、寄ってたかってどういうことだ。あれぐらいしないとしつけられん。

担当：そうなんですね。B太君によくなってほしいと思ってしつけをしているのに……。お父さんも二度とこんな嫌な思いはしたくないですよね。だから、これからどうしていったらいいのか、何を変えて、何は変えなくていいのか、一緒に考えて、行動していってほしいんです。

養父：お前らも虐待だというのか！

担当：虐待かどうかを問題にしているのではないのです。このようなしつけをしていても効果がないし、悪いことに自尊心や自信が育たないので、これからのそだちの中でいろいろな問題を起こしてしまったり、生きにくいことになるのです。

養父：……子どもらはどうしてる。

担当：連絡を受けて、児童相談所が調査保護の決定をしてお預かりしてます。これなんですけどね。（保護の決定通知を出して）さっきも言ったように、何が起きたのか、なぜこんなことになったのか、二度と起きないためにはどうすればいいのか、調査をすることになるのです。

養父：なんだそれ。
担当：ここに書いてあるように、この処分に不服の場合は……（不服申し立てなどの説明）

緊張した空気の中で、全面的に否定も肯定もすることなく、受け止めるところは受け止めつつ、伝えるべきところは伝え、変化のための支援に協力してもらえるように説得をしていきます。途中、こんなやりとりも。

養父：子どもらに会わしてくれ。家に帰りたいと言ってないのか。
担当：今日は会っていただくことはできません。もちろん、これからどうなっていくのか不安になっているようです。
養父：……だったら、わしから話して、もう二度と叩かんから、帰りたいか聞いて、帰ると言ったら連れて帰る。
担当：お子さんたちには、今回のようなことが二度と起きないように、二度と嫌な思いをしなくていいようにしたいので、お父さん、お母さんと話をしていくので、つらいけれど、協力してほしいと話してあります。

養父：何を勝手なことしてるんだ。
担当：そうなんですよね〜、勝手ですよね。
養父：……。
担当：法律で子どもたちの安全・安心な生活を保障するよう決められていて、親の同意を得ないで一時保護も面会の制限やらいろいろできるんです。
養父：なに！　もういいわ！
担当：そう言わないで、これから一緒に暮らしていってもらうためには、同じようなことが起きて、親も子どもも嫌な思いをするようなことがないようにするために、一緒に考え行動してほしいんです。

譲れない線をきちっと提示しつつ、少し**意外な受け答え**をすることで、テンポをずらして、相手が考えるように運んでいきます。

担当：奥さんも入院されていると聞いていますし、今後の生活のことをご両親と一緒に考えて、子どもさんがケガをされたり、そのことで子どもさんたちが慣れた生活から離れなくてはいけないようなことが、二度と起きないように生活を見直していっていただくことになります。
養父：それは決定なんだな。
担当：そうです。調査にご協力いただいて、支援計画を立てて、実行していくことになります。
養父：マニュアルか。それに従って、わしらをどうしようと思っているんだ。
担当：そのマニュアルなんですけど、手順はありますが、中身は家族の事情に合わせてオリジナルのものにしていくので、いろんなご意見をいただきたいんです。
養父：……。

こんなやりとりがくり返し続きます。相手の話を受けて、誠実に変化に向けて一緒に取り組んでいくことを求めていきます。この初回の面接は、養父が児相の言い分は聞いたが納得はしていない。妻のことも心配なので、そちらに行って、相談してまた来るということで終了しました。

子ども面接

母親は、身体的には問題はなく、すぐに退院となりました。入院中に児相職員が面接による調査を行ないましたが、精神的な落ち込みがあることや記憶が曖昧で、詳細な情報の聴取は難しい状態でした。また、養父も警察の事情聴取などがあり、保護が長期にわたる可能性があり、一時保護所に保護しているA子、B太、C子に経過の説明をしました。

すでに、3人の子どもたちには、事実確認面接（フォレンジック・インタビュー forensic interview）を実施したり、担当児童心理司との面接や心理検査を行なっています。

担当：最初に、こんなことが二度と起きてほしくないと児童相談所が考えて、お父さん、お母さんと話をしていくから、協力してほしいってお話ししたよね。

A子：うん。

B太は姿勢が定まらず、それに対してA子がきつい視線を送り、C子は神妙に椅子に座っています。

担当：いろいろな人と面接をしたり、検査を受けたり、協力してくれてとても助かってます。ありがとうね。でも、家での生活と違って、自由にできないこともあったり、嫌な思いをすることもあると思うけれど、よく頑張っていてくれているって思ってます。それもありがとうです。

B太：ごはん、おいしいし、あいついないし、叩かれないし……

A子：B太は黙ってて！　大事な話って言ってたでしょ！

担当：嫌なこともあるけど良いこともあるってことだね。今、A子さんが言ってくれたように大事な話だから、そのことを話してから、後でほかの話も教えてね。

B太は椅子に座りなおして聞こうという感じになりました。

担当：一時保護所に来て1週間が過ぎてしまったよね。どうなっているんだろうとか、これからどうなるんだろうって心配になっていると思うんです。だから、今どうなっているかを説明しますね。まず、お母さん。最初に病院に行ったって話したよね。身体は大丈夫で一晩入院して、退院して家に戻りました。でも、気持ちがしんどくて、寝ていることが多いけれど、みんなのことを心配してます。お父さんもね。

B太：G雄!!　死んだらいい!!

A子：B太!!

担当：お父さんも一緒で、みんながどうしているか心配してました。どうすればまた一緒に暮らせるのかを考えてもらうようお願いをして話し合いを始めているけど、お母さんは、気持ちがしんどくなっていて、ちょっと時間がかかりそうなんだよね。だから、もう少し一時保護所で生活してもらうことになるよ。

A子：お母さん大丈夫？

担当：じっくり考えられない感じで、寝ていることが多かったみたいだけど、今度、話し合いに来てくれます。しんどくなることが多いみたいだね。

A子とC子はうなずく。

A子：でも、いい時はおいしいご飯をつくってくれるし……

担当：そうだよね。心理の担当の人からいいこともいっぱい聞いているよ。みんながいっぱい協力してたことも。だから、今回みたいなことにならないためには、いっぱいいいことが増える必要があると考えているし、そんな話し合いを続けていくから、みんなもアイデアを出したりして協力してくださいね。

起きた事態が腑に落ちないときには、勝手なストーリーを作り上げてしまうので、子どもたちには正直に話していく必要があります。しかし不安を増長するような言葉を使わないように慎重に言葉を選びつつ、エンパワーメントも意識して面接をしていきます。

両親面接

養父は、電話や面接により、子どもたちへの接し方を改善していく必要があるというスタートラインをしぶしぶ承諾しました。母親もようやく面接に来所できる状況となったことから、来所による両親面接をすることになりました。

担当：今日はお二人で来ていただいてありがとうございます。今までお父さんとはお話をして、ご意見をうかがってきたのですが、お母さんとは初めてですね。ご両親のお考えや、思いを聞かせていただいてこれからのことを考えたいと思っていたので、ありがとうございます。

養父：こいつは、自分のことでも落ち込んでるけど、子どもらがいなくて会えないということが堪《こた》えて、余計に調子を崩してるわ。会うだけでも会えないのか。

担当：もちろんいずれ会っていただきますよ。その前にお父さんにはくり返しお話ししているように、今回のようなことが二度と起きないために何をしていけばいいのかを考え、実行していく必要があるんです。

養父：（母親に向けて）な、こんな調子だ。虐待だからってな。

母親：何があったのかよく覚えていないんです。この人が出て行って、帰ってこなくて、朝は子どもたちが自分で支度して出て行って、後は覚えてない。

担当：お父さんにもお話をしたのですが、虐待かどうかを問題にしているのではないのです。このようなしつけをしていても効果がないし、悪いことに自尊心や自信が育たないので、これからのそだちの中でいろいろな問題を起こしてしまったり、生きにくいことになるのです。このままだと大人になったときに苦労することになってしまうのです。そのことを予防したいので、子どもたちへの接し方を工夫していってほしいのです。

養父：な、だから子どもらには会えないって。

母親：子どもたちは元気にしているんですか。

担当：ここでの生活にも慣れてきてくれています。まだ渡せていなかったのですが、これが一時保護所の生活の流れです（日課表を見せながら）。午前中はそれぞれの学習状況に合わせて、先生の資格を持った人が教えてくれています。午後は曜日によって日課が異なります。B太くんは次にすることをかなり丁寧に伝えていく必要がありますし、物の扱いが荒かったり、難しさを抱えたお子さんですね。
母親：子どもらはなんて言ってます？
担当：子どもたちには、お父さん、お母さんに説明をしているように、今回のようなことが二度と起きないようにお父さん、お母さんと話し合っていくから協力してほしい、しばらくここで暮らすことになると説明してあります。A子さんは寂しいけど頑張るって言っています。B太くんは、友達もできて楽しんでいますね。C子ちゃんはお姉ちゃんがいるので安心している感じです。昨日、見に行ってきたのですが、別の場所でお預かりしているD子さん、E男くんもよく食べて、よく眠って、生活に慣れてきていました。
母親：子どものことは安心していていいですね？
担当：はい。ただし、今回のことは、B太くんだけでなく、A子さん、C子さんもかなり怖い体験になったようです。そのあたりの影響も慎重に見ていかないといけないと考えています。
母親：私は何をしていったらいいんですか。
担当：ちょっとしんどいかもしれませんが、いろいろなお話をお伺いして、整理をして、安心子育てプログラム、うちでは親子が一緒に暮らしてもらうための**応援**をこう呼んでいるんですが、その家に合ったものをオリジナルで作っていって、会議で承認してもらうことから始まります。この話し合い自体が第一歩だと思っていますが、いいですか。

母親：私はいいけど……。（養父の方を見る）

養父：わしもいいけど、仕事もあるし……

担当：日程のことなどは相談していくとして、まず、この表を見てください。

このようなやりとりから、アセスメントのための表を提示して、話し合いを進め、支援関係へと移行していきます。ニーズに基づく相談支援とは異なり、支援に対する同意としては危ういところがありますが、揺れながら、子どものそだちの環境を改善していく旅に出発することになります。

おわりに

面接技法は、あなたが所属する機関の社会的使命やあなたの面接する目的によって柔軟に変化させていくことが必要になります。「仕掛ける面接」というテーマで虐待対応を想定して記述してきました。技法は、あくまで道具です。また、対人支援を行なうあなたも、利用者さんが成長していくための道具でしかありません。役に立つ道具を目指して研鑽してください。

3 さぐる面接Ⅰ

バリエーションに富んだ臨機応変な面接をめざして

笹川宏樹

児童や障害福祉の相談機関で30年近く仕事をしてきましたが、現在は生活の場である障害児入所施設にいます。そこで暮らす子どもたちの何気ない言葉に本音が見え隠れし、ドキッとさせられることがあります。施設に身をおいて相談機関での面接を振り返ると、達成感や自信を感じるよりも「うーん」とうなだれてしまいます。勤め始めは児童相談所でした。発達相談では「遅れ」や「障害」を保護者に伝えることへのためらいから、言葉足らずの面接だったのではないかと思います。次の職場は知的障害者更生相談所でした。そこでは何も知らされずに連れてこられた本人さんに療育手帳の意味を丁寧に説明できたのか、などと思い返されます。そして再度の児童相談所では、これまでの援助ベースとは異なった面接を経験しました。それは虐待を否定する保護者に施設入所を強く迫るなどの対立的なものでした。しかし、このような面接でも何とか共感・協調的に進められたのではと思ったりします。

当たり前のことですが、自分の属する組織やポジションによって面接の視点やスタイルが変わってきました。そんなことから、相手に合わせた面接、幅のある柔軟な面接がもっとできるようになれたらと思っています。

1 人への興味・関心があってこそ

気になる人のことを知りたい。気になるからこそ、わからない事柄や「なぜ」といった疑問はそのままにしておけない。だから、それらの答えを知るために相手に直接尋ねたい、そして話してもらいたい。それだけではなくまわりの人からも教えてもらいたい。これらの「あなたのことを知りたい」という素朴な思いや欲求が、「さぐる面接」の根幹であってほしいと思います。センセーショナルな出来事に振り回されることなく、小手先の面接テクニックに溺れることなく、相手への興味、関心をしっかりもつこと。その上での援助や指導でなければ、うわっ面だけの百害あって一利なしのかかわりになってしまいます。いきなり結論めいたことを言ってしまいましたが、まず人ありきです。

「さぐる」は「探求」という言葉につながり、「探求」には物事を見極める真摯な態度が連想されます。また「苦難を乗り越え、一歩ずつ真実に近づいていく」といったポジティブな意味合いで使われることが多いようです。しかし、「さぐる」の言葉には、「懐具合を探る」のような下世話な感じや、「探りを入れる」といった小細工を弄するような後ろめたさがあります。この後ろめたさのために必要以上に遠慮がちになって、肝心な事柄を尋ねられないままで面接が進む場合もあります。時には相手を怒らせてしまい、面接が途絶えるのではと心配になったりします。そのようなときに限って、相手から理不尽な要求を突きつけられ、断ることができない状況に追い込まれます。このように「さぐる」面接には調査と割り切れない、淡々と進めにくい何かがあります。「さぐる」という行為には、さぐる人（＝面接者）の不安やためらいなど、心のもちようが大きく影響します。私たちはこれらの影響を無視したり排除することはできません。影響を受けていることをしっかりと自覚して、自分自身をコントロールすることを忘れないでください。

「さぐる」「さぐられる」という言葉にはまた、物事を単純に「白か、黒か」「真実か、偽りか」と二分してしまうような強引さが感じられます。しかし、現実の生活はそう簡単に割り切れるものではなく、複雑であり曖昧さにあふれています。日常の出来事には客観的な事実だけではなく、それらにかかわる人の様々な思いが絡んでいます。そして、それら一つ一つの出来事や思いが新たな事態を生み出し、人々の気持ちを揺さぶりながら拡がっていきます。物事は単独で固定的に存在するのではなく、様々な関係性の中にあり、時間の流れに漂う流動的なものです。面接者はこれらのことを常に念頭において、「さぐる面接」に臨んでください。当事者や関係者が話した事柄のインパクトが大きいものであればあるほど、面接者はその断片的な事態のみに目が奪われ、背景や状況なども含めた全体像が見えなくなっています。さらには面接者の心に不安が生じ、早急に事態を打開しようとして焦ってしまいます。それらが判断を誤らせ、不適切な対応をとらせてしまいます。そんなときこそ、面接者が自身の立ち位置をしっかり把握して、どのような情報が必要であるのかを整理するなど、面接プランを立ててください。現実的でない正論や世間的な善悪の判断に寄りかかろうとしているときは、事態に振り回されて最小限の情報さえも収集できていないと考えてください。

当たり前のことですが、「さぐる面接」において相対する二人は「さぐる人」と「さぐられる人」に分けられ、それぞれに立場があります。「さぐる人」の強さに対して、「さぐられる人」はやましいことが何もなくても被疑者のように弱い立場に立たされます。このように「さぐる面接」では、面接が始まる前から両者には優劣や上下といった関係が横たわっています。お互いの信頼や受容・共感を基盤とするカウンセリング等の治療的面接とは対極にあるかもしれません。しかも探る側は断片的な事実とこれまでの臨床経験から仮説（ストーリー）を考え、それに当てはまる事実だけに耳を貸す「偏った面接」に陥ってしまうこともあります。つまり意図的ではないにしろ、面接者にとって都合の良い「誘導的な面接」になってしまいがちです。このような作為的な雰囲気が面接の場に漂ってしまうと、相手は身構えてしまい何も話してくれなくなったり、適当にあしらわれてしまいます。こうなると二者の関係性を変えることはよりいっそう難しくなってしまいます。

それなら最初から面接の枠組みを違ったものにする方が得策かもしれません。「さぐる、さぐられる」のではなく「教える、教えてもらう」ような枠組みで面接をスタートする方が失敗が少なくなるように思います。「さぐる」のではなく「教えてもらう」、「さぐられる」のではなく「教える」関係を目指して、面接での出会い方を工夫し、準備することが大切です。自分自身に自分を探ってもらって、それを**教えてもらう面接**です。そのような関係が築けたら、より多くの情報を得ることができます。

保育所に通うアカリちゃんは4歳の女の子です。以前から身体的虐待を受けているのではと何度も疑われ、市の要保護児童対策地域協議会で注目されていました。月曜日に登園してきたアカリちゃんの左頬にあざがあり、調べてみると他にもあざが見られたため、児童相談所によって緊急一時保護されました。児童相談所の担当者から連絡を受けたお母さんは、驚いて来所されました。

担当：今、私たちがわかっていることは、アカリちゃんの左頬に黒っぽい青色のあざがあることです。他にも背中に緑色や黄色っぽい茶色のあざをいくつか見つけました。アカリちゃんへの虐待を心配しています。どうしたんですか。

母親：そんなんわかりませんわ。

担当：もちろんアカリちゃんと四六時中、一緒にいるわけではないですものね。お母さんの立場で、思い当たることを教えてください。

母親：こけてケガしたんとちがいますか。

担当：他に何か考えられることはありませんか。

子どもが普通に遊んでいて頭部をケガする場合は、おでこや頬骨などの出っ張っている部位が多いようです。頬や背中を打撲したりすることは通常の生活ではめったにありません。また様々な色のあざがあるということは新旧の打撲が繰り返されていることを示し、身体的虐待の特徴の一つであるといわれています。これらのことを母親に突きつけて、「(虐待を)心配している」のではなく「強く疑っている」と告知し、そして「誰がしたんですか」とダイレクトに尋ねることもできます。またそうしなければならないケースもあります。しかし、面接の方向性を限定することなく、「どうしたんですか」とオープンな質問で問いかけることも考えてください。事情聴取のような圧迫感を与える面接は、相手の思考活動をブロックして様々な事柄を思い起こせなくしたり、相手を萎縮させてしまいます。面接者が教えてもらう立場に立つことによって、過度な緊張を漂わせずに面接を進めることができます。母親も話すことへのハードルを下げるかもしれません。

「思い当たることを教えてください」に対して、「こけてケガしたんとちがいますか」と母親は続けました。それに「アカリちゃんはよくこけるんですか」と質問を返し、「こける」ことについて話題を絞ることもできます。しかし、ここではさらに間口を広くして「他に(は)」と問いかけました。それはアカリちゃんとのやりとりやエピソードを思い出してもらい、様々なことを考えてもらいたかったからです。思い浮かぶことが多ければ多いほど、様々なことを話したい、聞いてもらいたいという欲求が高まると思います。この欲求を充足させるかかわりが「教えてもらう面接」のベースと考えます。

もう一つ「さぐる面接」で大切なことがあります。それは「さぐる」「教えてもらう」側の視点です。「事態を見る側の立ち位置」と言い換えてもよいでしょう。同じものであっても、立ち位置が変わればまったく違ったものが見えてきます。「何度言い聞かせても約束を破ってしまい、全然変わらない。だから仕方なく叩いて身体で覚えさせなければならない」というのは虐待者の立場です。面接で行き詰まって硬直した際に、「見方を変えれば、どうでしょう」と相手に投げかけることがあります。当事者ではなく第三者の立場で物事を見れば、一所懸命に取り組んでいるものの一向に進んでいない自分が見えるかもしれません。しかし、追い詰められて余裕がなくなると、「見方を変えれば」と促しても、何のことかわからずピンとこない場合が多いようです。そんなときは、次のような例をあげて、立ち位置を変えて考えてもらっています。

それは「山焼きで有名な奈良の若草山は、正面からみると黄緑のなだらかな斜面を見せてますよね。しかし、裏にまわると春日原生林の深い緑が生い茂っています。同じ若草山でも見る位置が変われば、まったく異なった山に見えるでしょ。これまでのしつけについても、見方を変えて考えてみませんか」と誘いかけるのです。たとえ話は面接の潤滑剤として役立つ場合もあります。より多くのたとえ話のストックを普段から準備しておくことをお勧めします。

これまで述べてきたとおり、「さぐる面接」では、相手が自発的に多くのことを話せるような枠組みと、自然な会話スタイルで話してもらえるような工夫が重要です。そのためには、保護者と今後に向けての協働的な関係を築き上げていかなければなりません。しかし、児童虐待の相談・援助において、保護者と仲良くなることが面接の目的ではありません。**「子どもを守り抜く」という強い気構え**と、子どもの安全・安心へ向けての毅然とした態度は必須のことととして肝に銘じておくべきです。

最初に「あなたのことを知りたい」という思いが最も大切であると言い切りました。しかし、ただ単にその人のことを知りたいだけでは、ゴシップ記事を興味本位で読むことと同じです。対人援助における「知りたい」は、今後の援助・支援の基礎となる「見立て」につながる必要があります。現在の暮らしぶり（生活状況）、家族の構成や、これまでの生活歴などの情報は「見立て」の重要な要素です。次節ではこれらについて考えます。

2 聴取ではなく、お話ができれば

探られたり調べられたりすることは、気持ちの良いものではありません。しかし、よほどの相談ニーズがない限り、自発的に自分自身のこと、つまり自身の生い立ちや現在の様々な状況を話されることはほとんどありません。それどころか、呼び出されて仕方なくやってきた児童虐待の面接では、「どうして、そんなことを話さなくてはならないんですか」「どんな権限があって、プライベートなことを尋ねるんですか」などと逆ギレされることも少なくありません。そこまで攻撃的にならなくても、「言いたくないです」「話したくありません」とピシッと拒否されることもあります。上から目線の面接では、通り一遍の答えで済まされ、本当のところは話されません。いきなり親和的な面接なんて無理です。しかし、何とかお話ができるレベルに持ち込みたいものです。

小学4年生のフミヤ君は、お母さんの彼氏（内縁の男性）から「反抗的な目つきが気に入らない」と言われ、顔を殴られて目のまわりを腫らして登校しました。そのことで児童相談所に呼び出され、母親とともにやってきた男性との面接です。

男性：何が虐待やねん。わしは親父からどつかれて育ったんや。そのおかげで、こうして一人前に稼げるようになったんや。親がしつけして、どこが悪いんじゃ。

担当：そうですか、○○さんはどつかれて育ったんや。そのことをありがたいと思ってるんや。私も親父から殴られたりしたが、どうして殴られたかの理由はまったく覚えてない。ただ殴られて腹が立ったことは今でもしっかり覚えているけど。ものすごく短気な親父やったわ。○○さんのお父さんは？

男性の発言に対して、「それはしつけではありません。かえってフミヤ君の敵対心を強め、恨みを買うだけです」と講釈をたれたところで、男性の怒りの火に油を注ぐだけです。男性に対して「やりすぎ」と思っていたお母さんの気持ちを「この人（男性）も一生懸命にしてくれているのに」と変えてしまい、お母さんの反感を買うかもしれません。挙げ句には「勝手にせえ」と捨てぜりふを残して帰られてしまいかねません。ここでは男性が話された「どつかれて」の言葉を繰り返したり、「おかげで」を「ありがたい」と言い換えたりして、相手の発言をまず受け止めます。次に面接者が自身の体験を話すことによって、会話への足がかりを作っています。そうすることによって、ごく自然な感じで「(男性の)親父さんはどんな人だったの?」と尋ねることができます。一方向的な聴取ではなく双方向の会話へとつながることが期待できます。また体験にまつわる面接者の「腹が立った」という感情、気持ちを伝えることは、男性に対して「気負ったり、強がる必要はないんだ」というメッセージの役目を果たします。

3 面接終了後の立ち話で

相談室での面接を終えて、帰り際に次回面接の日時をお母さんに伝えると「その日は病院へ付き添わなければならないので」と、玄関で言われました。「えっ、どなたかが具合が悪いんですか?」と尋ねると、今まで知り得なかった生活の様子がわかりました。それは母親の実家が近くにあり、祖母の介護が母親の生活の中で大きな部分を占めているということでした。情報を得るのは相談室だけではありません。ある父親から、「仕事があるのに、そんな早い時間に来れるわけないやろ」と言われたことがあります。それに対して、「それなら何時頃だったら良いのですか」と改めて質問することはごく普通のことです。しかし、「えっ、お父さんはどんな仕事をしてらっしゃるの。先日、相談に来られた方は、この不況で残業がなく収入が減ったとこぼされていたんですよ」と素直な驚きとともに尋ねれば、父親の勤務形態、仕事内容や収入等の把握につながっていく場合もあります。

これらの立ち話で得られる情報は断片的なものです。一つ一つの情報は大して役立たないかもしれません。しかし、それらがいくつか集まり、組み合わせると全体像が見えてきます。ジグソーパズルのように組み合わせやすいところから、言い換えれば話しやすい場所で、話しやすい内容から話してもらってください。それらを整理していくことで全容が明らかになり、話しづらい事柄の輪郭も見えてきます。

4 原因を探るより、続けさせているのは何？

危機介入や緊急対応等が一段落すると、どうしてこのような事態になったのか、原因は一体何なのかと探りたい気持ちが高まってきます。しかし、原因はなかなか明確にならないものです。それならどうしてこのような困った状態が続いているのか、この状態を持続させているのは何なのか、つまり持続要因を探ってみることが解決に向けて建設的な方法です。

今ではほとんど聞かれなくなりましたが、幼児の指しゃぶりは母親の愛情不足が原因と解釈されていた時期がありました。それに対して、こういう見方があります。手持ちぶさたな幼児がたまたま指をしゃぶっていると、それを見つけた母親が「駄目でしょ」と注意します。叱られれば幼児の手持ちぶさたは解消され、無視されるよりまだましなことかもしれません。となると、叱ってもなかなか治らない指しゃぶりを持続させているのは「駄目でしょ」の叱責、見方を変えれば母親の注目だと言うこともできます。昔のことをあれこれと尋ねられたあげく、援助者自身が気に入る原因やストーリーを押しつけられては、迷惑この上なく、たまったものではありません。持続要因を探るためには、今ある行動や出来事を一連のものとしてとらえることが大切です。つまり事前の状況と、事後の展開を丁寧にみることです。面接では一連の状況を振り返ってもらい、一緒になって検討することが問題の解決につながります。また相手にとっても自分にとっても原因という悪者探しをしなくてすみ、ずっと楽な面接になると思います。

5 喜びや悲しみが刻み込まれた家族の歴史

発達相談では、独歩がいつなのか、最初に発作を起こしたのは生後何ヵ月かなどの客観的な情報、つまり生育歴の聴取はとても大切なことです。それは訓練や治療と直接的に結びついているからです。それらの客観的な情報だけではなく、独歩を最初に見たのは誰だったのか、それを知って喜びを感じ、家族で分かち合ったかなどのエピソードも大切な情報です。他にも発作を起こしたときの家族の心配など、家族の生活歴を知ることは支援のレパートリーを広げるのに役立ちます。

児童虐待や非行相談など、目の前の出来事が大きすぎると、また緊急に何とかしなければならない事態が続けざまに起こると、その対応に追われてしまい生活歴を聴取しないままにケースが進行する場合があります。しかし、この生活歴には、その家族が直面してきた様々な課題や、それにまつわる家族間のやりとりと思いがぎっしりと詰まっています。つまり、家族がともに喜んだり、困難な事態に打ちのめされ悲しみにくれた歴史が刻まれています。

また生活歴を尋ねることは、家族が最悪の事態を迎えることなく踏みとどまり、危機を乗り越えた経緯を知ることになります。家族の生活歴を丁寧に聴くこと、つまり家族が出会ってきた様々なエピソードに共感できることは、問題解決に向けての糸口を見つける手続きだとも言えます。

帰宅時間の約束を守らない、嘘をつくといって、たびたび家から締め出されたタカシ君は小学2年生の男の子です。最初の頃は家の付近をうろうろしており、比較的短時間で「ごめんなさい」と言って帰ってきました。しかし、このようなことを繰り返すにつれて、タカシ君は夜遅くなってもなかなか帰宅しなくなり、近隣を巻き込んでの大騒ぎになることもしばしばです。繰り返される家出と、それに対する叩く、つねる等の体罰のために、タカシ君は児童相談所に一時保護されました。お母さんとのある日の面接です。

担当：今さらどうしてと思われるかもしれませんが、タカシ君やご家族のこれまでの生活について教えてもらえますか。そのお話の中に、これからどのようにしていけばよいかのヒントが見つかるかもしれません。いかがですか?

母親：何を話せばいいんですか?

担当：タカシ君を育ててこられて、一番印象深かったことは？
母親：これといった出来事ではないんですが、とにかく食べるのが遅いんです。
担当：どんな様子？
母親：時間がかかってしょうがないんです。ミニカーを出したり、ビデオを見だしたりして、もう大変だったのです。
担当：食事に長いこと時間がかかったら、他のことは何もできず、いら立つこともありますよね。

まず家族の生活歴を話してもらう目的について「困ったこと、気がかりなことの解決に向けて手がかりを得たい」と軽く触れ、「いかがですか」と漠然と問いかけます。しかし、この時点でスラスラと話し始められる方は少ないように思います。何を話せばよいか戸惑う方がほとんどです。そんなときに、「楽しかったことは？」や「つらかったことは？」などと限定せずに、少し絞り込んでいますが「一番印象深かったこと」と中立的な質問を向けます。母親の答えはタカシ君の誕生日や入学式、旅行などといった楽しい出来事ではなく、子育てがしんどかったことを話されました。このことから母親がタカシ君にネガティブな感情を抱いていると推測できます。その母親の感情を即座に否定することなく、「いら立つこともあ

ります よね」とその感情を受け入れます。そうすることによって、否定的な内容かもしれませんが多くのことを話してもらえます。ネガティブな話題を十分に話すと、ポジティブなエピソードが語られ始めることもあります。評価することなく時系列にとらわれず、自由に話してもらうのが生活歴聴取のポイントです。

6 家族が醸し出すリズムや波長に馴染むこと

家族の構成や状況を把握することは大切なことです。家族の誰が一番、影響力があるのか、家族の中に支配－服従の関係がみられるのか。また何世代にもわたって綿々と引き継がれている、その家族独自の文化が存在するかなどです。他にも児童虐待でいうところの世代間連鎖の有無も大切な家族情報です。この家族状況を把握する面接で忘れてはいけないポイントがあります。それは情報を得ることだけを目的にしないことです。面接でのやりとりを通して、**家族が醸し出すリズムや波長に馴染むこと**も心がけてください。具体的には、うなずきや間合い、沈黙の長さ、視線や姿勢などの非言語的なコミュニケーションに注意を払うことです。それらの非言語的なメッセージを遮ることなく素直に受け止め、それらのペースにまず合わせることです。面接者が「わかりました」「それで良いですよ」と言語的に承諾していても、うつむき加減であったり、表情が険しいなどの非言語的な反応を示せば、相手は拒否されたと感じてしまいます。言語的なコミュニケーションは、非言語的なコミュニケーションがあってこそスムーズに進むものです。非言語的コミュニケーション・スキルはトレーニングによって向上します。時には鏡に映る自分自身や同僚などを相手にうなずいたり、微笑んだりしてみてください。

家族の構成や状況を尋ねるときに、ペンとＡ４以上の大きさの白紙、もしくはホワイトボードを用意し、その場で家族と一緒にジェノグラムを作成することもあります。あるケースでは、どことなく不自然さを感じながらも実父だと思い込んでいたら、実は継父であることが後になってわかりました。話を聞いて理解したつもりになっていたのです。ジェノグラムを作成する作業は誤解を防ぐだけではなく、次のような利点もあります。書き表されたジェノグラムを面接者が指さすことによって、相手の視線はそこに向けられます。目を合わせないので妙な緊張を強いることなく、デリケートな事柄であっても尋ねることができます。目線を合わせるのではなく同じ方向を向くことによって、気まずい雰囲気を避けることができます。たとえば、養子縁組の有無は親権などとも関係し、面と向かっては尋ねにくい微妙な事柄です。そこで、ジェノグラムの両者を指さして「役所に行って、養子縁組の手続きは済ませたの？」とさりげなく尋ねられます。描かれたジェノグラムを見て、「そこは違う、ホントは再婚やねん。子どももいたけど、離婚するときに相手の親にとられてしまってん」と、自身のつらい思い出をポロッと話してくれたお母さんもいました。言葉のやりとりだけではなく、何かのツールを用いることによってコミュニケーションが促進されます。

家からの金銭持ち出しや外泊を繰り返すユカリちゃんは小学5年生の女の子です。ユカリちゃんのお母さんは3年前から行方知れずになっています。ユカリちゃんの面倒をみているサチコさん（叔母）はほとほと困って、施設入所を訴えてきました。

叔母：かわいそうなのはわかってるけど。うちもパートや毎日の保育所の送り迎えで大変やねん。再来月には次の子が産まれてくるし、もうユカリの面倒みきれんわ。うちの人もええかげんにしとけって言うてるし。
担当：近くに住んでるおばあちゃんにお願いできないの？
叔母：うちのお母ちゃんやけど、ユカリの本当のおばあちゃんと違うから無理や。お父ちゃんは一緒やけど、姉ちゃんのお母ちゃんと、うちのお母ちゃんは別やねん。だから姉ちゃんと歳が7つも離れているやろ。

担当：サチコさんは今、22歳って教えてくれたよな。となるとユカリちゃんのお母さんは29歳か。二人とも10代で子ども産んでんな。出産や赤ちゃんの世話、大変やったやろ。

叔母：うちは旦那もお母ちゃんもおったから良かったけど、姉ちゃんは大変やったと思う。

担当：ちょっと待ってくれる？　図を描いて頭を整理させて。（**図1**を描いて◎を指し示して）これがユカリちゃん、これがサチコさんで、これがユカリちゃんのお母さんのアケミさん。これで良いかな。

で、アケミさんが大変やったっていうのはどういうこと？

叔母：姉ちゃんのお母ちゃんはうちのお父ちゃんと離婚して、姉ちゃんの弟だけ連れて九州の実家に帰ったらしいし。

担当：（**図2**を描いて）ユカリちゃんに近い人って、おじ

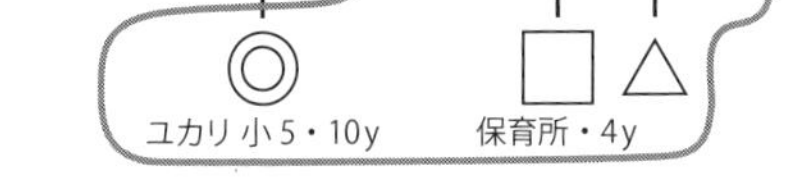

図1　ユカリの母（アケミ）と叔母（サチコ）は異母姉妹

いちゃんだけか？

叔母：肝臓こわして3年前に亡くなったわ。それに姉ちゃんは結婚せえへんままユカリを産んだし、ユカリが1歳になる前に、その男は逃げてしまいよったし。

担当：（**図3**を描いて）ユカリちゃんは今、話してくれたこと知ってるんやろか？

叔母：かしこい子やから、大体はわかってるんちゃう。それで無茶苦茶しよんねんで。

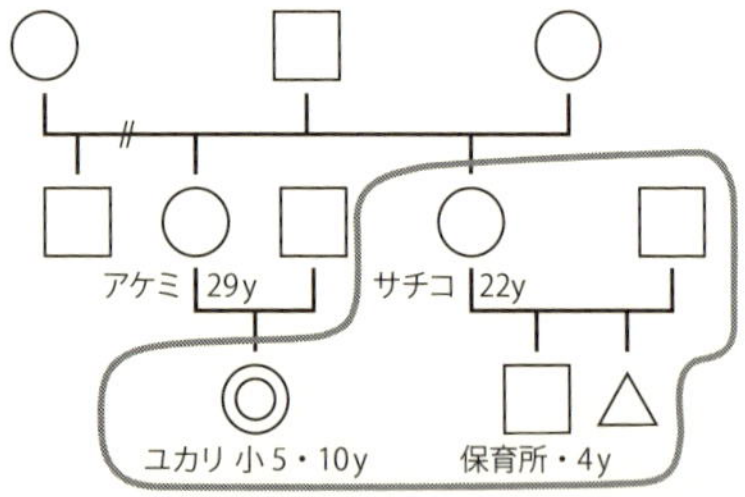

図2　ユカリの祖母は叔父だけを連れて祖父と離婚

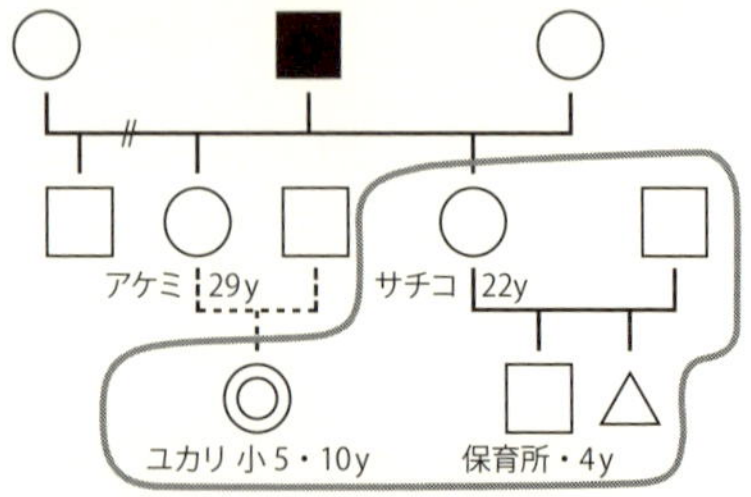

図3　母はユカリを未婚で産み、祖父もすでに死亡

ジェノグラムを作成しながらの面接は、家族の生物学的な関係を把握するだけが目的ではありません。家族のそれぞれにまつわるエピソードを話してもらい、それに関連した個々の思いや気持ちを語ってもらうことです。家族が直面してきた課題を解決した力や、家族間の結びつきの強さを面接者と相手がお互いにわかりあい、確認するための面接です。

7 子どもへの質問は丁寧さと慎重さをもって

子どもは体験したことをしっかりと覚えられなかったり、それらを正確に思い出せなかったりします。その体験についても自分が何かしたり遭遇したりした直接的なことなのか、それとも誰かがしているのを見たり聞いたりした間接的な体験なのかがはっきりしない場合があります。他にも同じ事柄について何度も尋ねられると記憶内容が変わってしまったり、大人から「○○だよね」「○○なんでしょ」と言い聞かされたりすると、そのように思い込んでしまいます。子どもにとって事実を思い出し、話すことは思いのほか難しいことです。それに加えて虐待の場合では被害事実とともに恐怖感なども思い出して、話すことはとてもつらいことです。特に性的な虐待の場合はなおさらです。

これらの苦痛を和らげ、解放されるために、子ども本人の主観的な思いや気持ちにアプローチするカウンセリングは必要な援助です。しかし、それだけでは十分ではなく、暮らしの安全を確保しなければなりません。つまり子どもが虐待者から離れて生活していくための法律的な枠組みによる支援です。その際に重要になるのが「思い」や「気持ち」ではなく、「特定の出来事」や「事実」の正確さ、客観性といわれています。これらに焦点をあてて裁判における客観的立証性を確保する面接はフォレンジック・インタビュー（児童福祉領域では「被害（事実）確認面接」）と呼ばれています。ビデオ録画のもと1回限りの面接であり、特定の訓練を受けた専門家によってなされます。この面接はカウンセリングのような親密で受容的なものではなく、中立的で淡々とした態度であることが求められています。質問についても「はい」と一言で答えてしまいがちな「〇〇しましたか」や、Cの存在を最初から否定した二者択一の「Aですか、それともBですか」は避けることを原則としています。「いっぱい話して」や「それから」といったオープンな誘いかけで尋ね、誘導しないことが基本となります。この面接の実施は専門家に任せることになりますが、通常行なわれる子どもへの面接でも、子どもの言語や認知発達を踏まえた丁寧さと慎重さが必要です。

8 子どもの安全と福祉を最優先すること

「さぐる面接」は人への興味や関心がベースとなります。そして「何があったのか」「どんなことが起きたのか」を面接者が明らかにしていくのではなく、当事者が主体的に話せるように手伝うことが面接者の役割と考えました。そのためには面接相手と敵対するのではなく、協働的な関係を目指す必要があります。これが「さぐる面接」の基本的な考え方です。しかし「いつも友好的で、穏やかさをもって面接を進めなければならない」という思いに縛られないでください。児童虐待の場合などは**「子どもの安全と福祉を最優先する」信念**の基に、毅然とした態度で面接に望むことが必要です。

いずれにせよ「さぐる面接」に唯一のものはありません。バリエーションに富んだ臨機応変な面接をめざしてください。

4 さぐる面接Ⅱ

親に信頼され納得してもらえる発達相談

梁川 恵

私はかつて、児童相談所で心理判定員をしていました。実際に発達検査などを用い、親御さんに助言する仕事です。また、情緒障害児短期治療施設[*1]で子どもにセラピーをしたり、セラピーを担当する心理士のスーパーバイザーをしていたこともあります。現在は、自分では発達検査をほとんどせず、発達検査関係の管理・調整や心理士のスーパービジョンを行なっています。

現場で長年仕事をしてきて、定年間近になった今、私には後輩たちに教える時間があまり多くは残っていません。日常業務のなかで後輩の心理士たちの報告書を添削したり、助言したりしているのですが、私が大切だと思うことがなかなか後輩たちに伝わりにくいと感じています。根気強く指導しなければいけないと思いつつも、どうしたらわかってもらえるだろうかと悩むことが多い日々です。この原稿が私の経験を後輩たちに伝える材料の一つになればいいなと思っています。理論や見立てに関する本は他にもありますが、障害のあるお子さんや家族に対する面接について具体的に書いた本はあまりないので、役に立てばいいなと思います。

はじめに

障害相談は児童相談所の相談件数全体の約7割を占めています。非常に多い相談と言っていいでしょう。障害相談は下記のように多岐に渡っています。①肢体不自由、②知的障害、③言語障害、④発達障害、⑤その他の相談等です。

①~⑤が重複している子どももいます。子どもの障害が何であれ、心の準備ができないうちは、何らかの障害を抱える子どもを持った親が、当惑し、一時的に感情が混乱し、悩み、

不安を持つのは当然のことです。また、これまでの経験から、親は、目に見える障害の場合に比べて、知的障害のように**目で見てわからない障害を理解しにくい**ように感じています。障害相談は、親が知らない内容について教えてもらうスタンスの受け身的な相談です。そのため、親は相談者が信頼できるのかどうかを〝さぐる〟相談になるでしょう。相談を受ける側も親に受け入れてもらう助言のしかたを〝さぐる〟面接になるでしょう。このように相談する側と相談を受ける側の双方がともに〝さぐる〟相談・面接と言えると思います。

現在は、インターネットなどで多様な情報を得られるようになりました。知識を持つことが安心につながる場合もありますが、逆に、多く知りすぎて不安を募らせる場合もあります。そのような時代にあって、専門家や支援者に求められているのは、保護者が安心して、自信をもって子どもを育てられるように、保護者にわかりやすく正確な情報を提供し、一人ひとりの状況に応じて的確に助言することです。丁寧に必要な情報を提供することが保護者との信頼関係の構築には必要です。しかし、言葉を選びながら丁寧に説明しても、子どもに障害があることを伝えられたときの親のショックは大きく、障害を受け止め、受け入れるまでには時間がかかります。たとえ親にとってショッキングな内容であっても、親が許容できるのはどの程度までかを見極めながら、**できるだけ正確にわかりやすく説明していく**ことが求められます。それでは、いくつかの相談をみてみましょう。

1 保健センター（保健所）での相談

1歳6ヵ月健診

身体や言葉の発達がゆっくりであったりしますが、明確に障害とはいえないことも出てきます。このような場合、保健センター（保健所）で定期的にフォローしていきながら、大丈夫なのか、それとも専門的に詳しくみていった方がよいのかを判断する場合が多いと思います。

保健師がいろいろな相談に乗りながら、また相談のコーディネイターの役割もとりながら、心理士が行なう発達相談と小児科医師の診察につなぎ、スクリーニング（発達チェック）とフォロー、**専門的な機関への紹介**が望ましいことを助言していきます。

えりなちゃんの事例をみてみます。

発達相談員：えりなちゃんは、まだ言葉が出ていませんか？　心配ですね。積木もまだ積めないみたいだし。指差しは出ていますか？
母親：まだ指で差さないんです。
発達相談員：何かしてほしいときにはどうしているんですか？
母親：私の手を引っ張って連れて行くんです。
発達相談員：そうですか。積木を積めるかな？（えりなちゃんに積木を渡す。積もうとしていますが、うまく積めません）えりなちゃんはゆっくりと成長しているようですね。えりなちゃんのこれからの成長を一緒に相談していきませんか？ **3ヵ月後にどのように成長したか見せていただけますか？**
母親：はい、わかりました。

発達相談員はこのような流れで、家でのかかわり方について助言を行なって、3ヵ月後にえりなちゃんの発達相談をすることにしました。えりなちゃんは、知的障害[*2]の可能性が高いと思われますが、発達相談員は情報提供しながらも、指示だけを与えるのではなくて、**親が安心できるような信頼関係**を築く必要があります。また、親に考えるための時間的余裕を持ってもらいながらも、さらに、専門家にみてもらって療育を受けることについて、**親に納得してもらえる**ような面接を行なうことが望まれます。

３歳児健診

３歳３ヵ月の時点での健診です。１歳６ヵ月健診で見過ごされていたり、全体的な発達がゆっくりだったものの、１歳６ヵ月健診ではまだ明確でなかった知的障害の疑いや、３歳児になってやっとわかってくるようなコミュニケーションや社会性などの発達障害（自閉症スペクトラム[*3]やＡＤＨＤ[*4]）の疑い、発音や吃音等のことばの相談が増えてくると思います。ゆきお君の事例をあげることにします。

発達相談員：お母さん、ゆきお君はお名前が言えますか？

母親：私がゆきおに名前を聞くのですが、答えないんです。おうむ返しで「ナマエハ」と言うだけで、自分の名前は言わないんです。

発達相談員：何をして遊んでいますか？

母親：公園で走り回ったり、すべり台を滑ったりしています。他の子と一緒には遊べません。どうなんでしょうか？

発達相談員：（ゆきお君と積木でいろいろなものを一緒に作ってみたり、いくつかの絵のカードを見せて、その反応を見ながら）ゆきお君はまだ見立て遊びに興味がないようですね。自分がしたいことはお話しできますが、まだ相手の話とかみ合わないようですね。他の子と一緒に遊ぶのに興味が持てないようですね。

母親：どうしたらよいでしょうか？

発達相談員：ゆきお君と同じように発達がゆっくりのお友達となら、プレッシャーにならずに楽しみながら、一緒にいられるのではないでしょうか。また、専門の先生が、ゆきお君に合わせて、かかわってくれると思いますよ。ゆきお君の発達をもっと詳しくみてもらって、相談をしてくれるところを紹介しましょうか。

というようにつなげていきます。

2 保育園や幼稚園での相談

保育園には乳児から通うことができますし、幼稚園には3歳から通うことができます。通園していると、親が保育士や先生から子どもの発達について助言をしてもらえることがあります。発達には、身体的発達、知的発達、社会的な発達などのいろいろな分野が含まれます。

3歳のよしお君の事例でみてみましょう。よしお君の母親が幼稚園に迎えに来たときに、先生が「ちょっとご相談があります」と言って、母親を別室に案内しました。

先生：よしお君は、幼稚園ではみんなの中に入れず、お遊戯やお絵かきができません。じっと席に座っていることもできません。先生がみんなの中に入るように言うと、園庭に出て行ってしまいます。先生が連れ戻そうとすると金きり声をあげて嫌がります。専門家の先生に相談されてはどうでしょうか。

母親：家では、おとなしくしていて、金きり声をあげることなんかありません。食事の時間に呼んだらちゃんと来ますし、お絵かきだってしっかりできています。私の子育てが間違っているとおっしゃりたいのですか？

と、対立してしまいました。**先生を主語にして話したり、よしお君について否定的な内容ばかり話した**ので、母親はどうしていいかわからなくなったのかもしれません。こうした場合、以下のように話してみるとうまくいくかもしれません。

先生：よしお君は、1対1でわかるように教えてもらえれば上手にできるのですが、集団のなかだと、何をしていいかわからないようで、園庭に出て行ってしまいます。よしお君はどうしていいかわからずに困っているようなんです。他の子どもたちのなかで、よしお君が笑顔でいろんなことができるようになってほしいんです。だから、うまくできる人に教えてほしいと思っているのですが。

母親：よしおは家では大丈夫なのですが、園では困っているのですか？　先生も困っているのですね。どうしたらいいのでしょうか？

というように、主人公の**よしお君を主語にして話をしていく**と母親は理解しやすく、前向きに相談を進めやすいと思います。

3 児童相談所や発達相談の専門部門での相談

専門的に詳しく調べたり療育につなぐために、保健センター（保健所）から児童相談所等の専門機関が紹介され、紹介された機関の職員が子どもの相談に乗っていくことになります。

この相談は、親の意思で相談するわけではありませんから、親の側に相談目的があるわけではありません。事例をみてみましょう。

発達障害の事例──あきら君の場合（4歳1ヵ月・父母との3人暮らし）

あきら君は、1歳6ヵ月健診で言葉の遅れがあったので経過観察していました。コミュニケーション面の弱さが引きつづき見られ、通っている保育園でかんしゃくがひどく、発達障害の疑いがあるため、児童相談所を紹介されました。

ケースワーカー（以下、CW）との最初の電話でのやりとりをみてみましょう。

CW：私は△児童相談所のCWの○○と申します。保健センターからご紹介があってお電話しました。これから担当させていただきますのでよろしくお願いします。これからの予定を説明します。児童相談所で、心理士の発達検査と小児科医師の診察を行なって、相談させていただこうと思っています。まず、あきら君にお会いして、お母さんからあきら君のご家庭での様子などをお聞きするために訪問させていただこうと思っているのですが、よろしいでしょうか。

母親：よろしくお願いします。

●家庭訪問時の様子　ＣＷが訪問すると、あきら君が玄関で挨拶し、「どうぞ」と声をかけてくれました。ＣＷが母親と話をしていると、あきら君は「本を読んで」とＣＷに頼んできました。ＣＷがあきら君に絵本を読んであげると、興味のあるところは聞けましたが興味のないところはすぐに飽きてしまいます。その後は、遊びを次から次に変えていました。ビデオを自分でセットして見ようとし、最後はビデオをおとなしく見ていました。帰りにあきら君はＣＷを玄関まで送ってくれました。以下が面接内容です。

ＣＷ：あきら君についていくつかお聞きしてもいいですか。母子手帳を参考にしながら教えてください。
母親：どうぞ。
ＣＷ：生まれたときの様子はどうでしたか？
母親：在胎34週で、体重は２１０７gで低体重でした。呼吸障害があったので保育器に入っていましたが、その後は順調でした。歩き出したのは1歳２ヵ月でした。運動面も普通だと思います。
ＣＷ：あきら君の一日の生活の時間を教えてください。起きる時間からお願いします。
母親：朝８時半ごろに起きます。それから服を着替えて食事をして歯を磨いて、午前９

時15分から保育園です。歯磨きは私がしています。帰宅後は、キャラクターもののDVDが好きで、自分でセットして見ています。食事は嫌いなものはありませんが、スナック菓子をよく食べているので、ご飯はあまり食べません。スプーンとフォークを使いますが、お箸も使えます。夜はすぐに寝ますね。
CW：言葉はどうですか？
母親：1歳3ヵ月までには話していました。言葉はゆっくりでしたが、最近はよく話しています。保健センターからそちらを紹介されたので、正直、驚いています。あきらは特別視されているのだろうかと不安を感じました。私は、あきらは普通だと思っています。そちらに行かないといけないんでしょうか（やや納得されていない様子）。
CW：あきら君が健やかに成長できるように、あきら君と親御さんを支援できればと思っています。お手伝いできることはないでしょうか？　保健センターからの紹介のお話のなかで、かんしゃくのお話が出ていましたが……。
母親：実は、落ち着きがなくて、頑固で言うことを聞きません。特に父親の言うことを聞かないんです。
CW：心理士が行なう発達検査で、そのことについて、子育ての方法がわかるかもしれません。親御さんの考えを無視して、こちらから**一方的に指示したり強制じみたこと**

をすることは一切ありませんのでご安心ください。親御さんが**子育てするための手助けができるように一緒に考えたい**と思いますが、いかがでしょうか。

母親：少し、安心できました。

母親に反発する気持ちがあって相談ニーズがないと思われた場合も、親に納得してもらえるまで一つひとつ話を聞き、親の疑問に丁寧に答えることが大切です。そして、困っていることについて相談できることを伝えてニーズを引き出しながら、**親の考えが尊重される**ことを伝え、安心感を持ってもらうような態度とやりとりが大切です。

●発達検査の場面　後日、あきら君はご両親と一緒に児童相談所に来所しました。心理士が挨拶すると、あきら君はすぐに寄ってきて心理士の名札をめくっていました。人なつっこいですが、非常に距離感が近い印象です。検査室へはご両親も一緒に入室してもらい、あきら君とは少し離れて座ってもらいました。あきら君は、検査中は落ち着きがなく、課題の説明をしているときに席から立ち上がることが見られます。目で見て何をしたらよいかわかりやすい課題には取り組むことができました。このため、検査の課題を理解でき、何をしたらよいかわかるような配慮が必要でした。検査の場面では「どーやってするの?」「こう?」

表1　あきら君の「新版K式発達検査2001」検査結果

	発達年齢	発達指数
姿勢・運動 （運動能力を調べる）	3歳1ヵ月	77
認知・適応 （視覚的にものごとを理解する能力を調べる）	3歳6ヵ月	88
言語・社会 （言葉や概念等について能力を調べる）	2歳9ヵ月	69
総　合	3歳2ヵ月	79

［参考］発達の目安
発達指数 51〜69：軽度知的障害
70〜79：境界線級精神発達
80〜89：平均下精神発達（平均範囲内）

と確認を求めてくることが多く見られました。検査後の自由遊びでは、棚からおもちゃを次々に出してくるものの、遊びを展開させられないでいました。周囲に話しかけてくることが増え、その後は早く帰ろうと母親に求めていました。

あきら君の発達について、心理士は以下のように見立てました。

あきら君の発達検査の結果は、総合で境界線級精神発達を示していました（**表1**）。知的障害ではありませんが、ゆっくりと発達しています。目で見たものの理解や記憶は平均範囲内の能力をもっています。耳からの聞き取りが苦手で、言葉は単語レベルで発音は不明瞭です。身の回りの物の名前の理解はできていますが、表情を表す概念（驚く、悲しい、喜ぶ等）がまだ理解できません。聞かれて名前や年齢を言えません。また、お話で内容をイメージできないため、会話はかみ合いません。言葉や概念については、軽度知的障害のレベルの能力です。このように、全般的な知的発達の遅れはありませんが、想像性（イメージ力）・コミュニケーション・社会性に弱みがみられるため、自閉症スペクトラムが疑われます。

●両親への発達検査結果説明　上述の見立てを使って両親に説明します。

心理士：お待たせしました。あきら君のどういうところに困っていますか？
母親：これで当たり前と思っているので、特に困っていることと言われても……。
心理士：あきら君の今日の発達検査をご覧になっていて、いかがでしたか？　いつものあきら君と比べていかがでしたか？
母親：いつもこんな感じです。でも積木でお手本通りに作れたのには感激しました。
父親：やればできるんだなあと思いました。
心理士：あきら君はモノを作ったり、描いたりするのが得意なんですね。
母親：そうなんです。モノを作ったり、描いたりするときは熱中しています。名前を呼んでも答えてくれませんが。

心理士：モノを作ったり描くのは得意ですが、お話が苦手なんですね。
母親：言っても聞いていないので、クレヨンを取り上げるとかんしゃくを起こすんです。
心理士：どうしていいかわからなくてパニックになっているのだと思います。たとえば、食事をすることをあきら君に伝える場合には、食事場面を描いた絵をあきら君に見せてあげるとパニックにならず、かんしゃくも起こさなくなるかもしれませんよ。
心理士：保育園ではどうですか？
母親：保育園では、隣の女の子から、給食のキャベツを残したと言われるとかんしゃくを起こしてしまうそうなんです。それと、保育園で特定の子にこだわって、その子の注意を引きにいって、その子とトラブルになってあきらがかんしゃくを起こすと言われています。
心理士：あきら君は、そこでもパニックになってしまうようですね。保育園でかんしゃくを起こす場面での良い対応方法を、**私から先生に電話で助言できます**が、いかがですか。
母親：ありがとうございます。そうしてもらえればありがたいです。よろしくお願いします。
心理士：あきら君には言語理解や想像性・コミュニケーションの課題があります。人なつっこいのですが、他の人の意図を理解することや状況理解に弱さがみられるので、トラブルが起きやすいのだと思います。トラブルやかんしゃくが起きてからなだめるのではなく、あきら君に**親の意図や見通しがわかるように伝える**ことが大切だと思います。

この面接では、「あきら君のどういうところに困っていますか?」から始まりましたが、親が何を相談してよいのかわかっているわけではないので、具体的な質問をしながらお互いにさぐっていくなかで、だんだんと見えてくるものがあります。

この面接では、家庭でのあきら君と検査中のあきら君の様子を比べてもらいました。比べると答えやすくなります。親はあきら君の得意なところに気がつきました。得意なところが見つかると、また苦手なところも見つかりやすくなります。親が自発的に〝名前を呼んでも答えない〟と言ったところをとらえて、自閉症スペクトラムの障害特性の中心であるコミュニケーションに焦点を当てました。検査者が一方的に説明するのではなく、**親が自発的に話した内容について説明していく**とスムーズに進められると思います。

また、具体的な提案をして、親に「**おみやげ**」**を持って帰ってもらう**ことが大切です。ここでは、親の相談ニーズであったかんしゃくに焦点を当てました。あきら君は状況理解や意図理解ができないためにパニックになったりかんしゃくを起こすので、あきら君の**得意な視覚情報を使って解決を目指す提案**を行ないました。

次に、保育園で起きるかんしゃくを解決するためには保育園の先生に対応方法を学んでもらう必要があるので、効果的な方法として、**心理士が直接助言できるという提案**を行ないました。

このような提案をして両親にあきら君の自閉症スペクトラムの特性と対応の仕方を書いた下記のメモを渡しました。

1　強み

①あきら君は、目で見て理解することが得意です。

②あきら君は、具体的な物の名前はわかります。

③あきら君は、意味がわかれば真面目に取り組める頑張り屋さんです。

2　弱み

①あきら君は、聞き取りが苦手です。

②あきら君は見えないものが苦手です（重さを比べたり、表情の違いなど）。

③「もしも〜だとしたら」と想像（イメージ）することが苦手です。

3　対応

①あきら君に問いかけるときは具体的に伝えてください。
②あきら君に「もしも～だとしたら」という仮定の話をするときは、絵に描いて何を話しているのかをあきら君に目でみてわかるように示してください。
③能力の発揮は現在69～88％なので、短くわかりやすく話してください。
④意図や見通しがわかるように伝えてください（例：ゲームをする場所と食事をする場所を分ける。ゲームをする前にタイマーをセットする）。

父親：この69～88％というのは何か障害があるんでしょうか？
心理士：70％以下が知的な遅れがあり、80％以上が普通と考えられています。あきら君は目で見てわかることの発達は普通ですが、聞いて答えるところの発達はゆっくりです。なので、あきら君が理解するための支援が大切です。**何をしたらいいか理解できればあきら君はもっとできる**と思います。あきら君は、得意、不得意がはっきりしているので、周りの大人があきら君の得意、不得意を理解してかかわると、あきら君は今より安心して生活できるのではないかと思います。あきら君が生活で無理をしているとかんしゃくがひどくなると思います。
父親：なんか難しいですね。わかったような、わからないような感じです。

心理士：発達検査は、一時的な発達状況を示しているものなので、固定的なものではなく、検査を受ける時期によって変動します。必要な時期に発達検査を受けていただくことで、その時期、その時期の子どもさんの理解と支援に生かしていただけたらと思います。たとえば、**半年後にもう一度発達検査をとれば、半年間の成長がわかる**のと、そのときの得意、不得意がわかります。
母親：ぜひお願いします。
心理士：わかりました。また、保育園の先生がやりやすいように電話をして助言しますが、6ヵ月後にも同じように、保育園に助言できます。
父親：今はわかったような気がするのですが、すぐ忘れてしまいそうです。
心理士：保育園に通いながら、週1回～隔週で**もっと少人数で理解しやすいグループで活動できるところを紹介**できます。そこで、ご両親もかかわり方を教えてもらえますよ。ご両親でご検討いただけますでしょうか。
母親：それはどこにあるんですか？
心理士：それについては担当CWから後日お電話を差し上げますので、ご検討ください。
自閉症スペクトラムについてどのように説明したらよいのかという課題があります。その子の状態を発達検査の結果から説明することで、その子の持っているいろいろな強みと弱みが見えてきます。親と心理士とで、子どもの強みと弱みについて共通認識を持てるようになることを目指して話し合うことが大切だと思います。たとえば、その子どもが目で見たことはよく理解できること、コミュニケーションの弱さがあること、社会性の弱さがあることを示せれば、強みと弱みに合わせた支援方法についての話ができます。そのような特徴が自閉症スペクトラムの特性に一致することは、必ずしも話さなければならない内容ではないと思います。**診断を明らかにするよりも、まず支援をしっかりと行なうことの方が大切**だと考えます。診断の話はその後になると思います。診断をすることで、①親の子育ての問題ではないことが明らかになり罪悪感や無力感から解放されたり、②保育園や幼稚園での理解や支援が得られやすくなったり、③療育やガイドヘルパー等のいろいろな施策利用が受けられやすくなったりするので、診断後さらに、親と面接していくことをお勧めします。

知的障害の事例——よしこさんの場合（3歳9ヵ月・父母との3人暮らし）

たとえば中度の知的障害があって、同年齢の子どもが通う幼稚園や保育園では集団になじめないと親が考えて、知的障害児の専門施設を希望する相談の場合を考えてみましょう。

よしこさんは、1歳6ヵ月健診でまだ有意味語が出ていなくて、指差しもありませんでした。保健センターでは児童相談所で相談して療育を行なったらどうかと勧めたのですが、母親は不安が強くあり、保健センターでもう少し様子をみてほしいとの希望が強いため、保健センターでの経過観察にしていました。母親は周りの人に話を聞いたり、自分でもインターネットで調べてみたり、情報収集を行なっていました。そのため不安がさらに大きくなっていました。**3歳を過ぎてから他の子どもたちと明らかに様子が違う**ので、母親は保健センターにどこか通うところがないかを相談すると、児童相談所での精密健診の結果で紹介してもらえるとのことだったので、児童相談所を訪れました。

児童相談所でCWが「年齢と状態によって通園場所や回数が違ってくるので、まずお子さんの発達を確認させていただくために発達検査を行なって、その結果で通所を含めて相談しましょう」と伝えて、心理士が発達検査を行ないました。**表2**が発達検査結果です。

心理士はよしこさんの発達について以下のように見立てました。

中度知的障害

運動面：階段は手すりを使って一段ずつ足を揃えて登ります。まだ足を交互に出して昇れません。階段を一段飛び降りるときは両足で体を支えることができないので片足ず

表2　よしこさんの「新版K式発達検査2001」検査結果

	発達年齢	発達指数
姿勢・運動（運動能力を調べる）	2歳0ヵ月	54
認知・適応（視覚的にものごとを理解する能力を調べる）	2歳0ヵ月	53
言語・社会（言葉や概念等について能力を調べる）	1歳5ヵ月	38
総　合	1歳10ヵ月	49

［参考］発達の目安
発達指数 21〜35：重度知的障害
36〜50：中度知的障害
51〜69：軽度知的障害

つになります。地面でジャンプして跳び上がることはできます。

認知面：積木を高く積むことはできます。手指の巧緻性はあります。簡単な形の認識はできています。なぐり描きもできますが、動作の模倣はまだ難しいです。見立て遊びはまだできません。

言語面：「ママ」「ワンワン」「ブーブー」は言えますが、他の言葉は言えません。要求は指差しでできますが、応答には指差しは使えません。言葉かけには応答できません。身の回りの物の名前はまだよくわかっていません。

よしこさんのペースに合わせられる通園施設（児童発達支援センター[*5]）での療育が望まれます。

検査後に心理士は母親と面接しました。

母親：結果はどうでしたか？
心理士：よしこさんは**いつもの様子と変わりませんでしたか？**
母親：はい、こんな感じです。でも、十字とか三角とか形がわかっているんだなあというのは今日はじめてわかりました。
心理士：発達検査は、子どもの発達に合わせて行ないますから、どの子どもも楽しみながら興味をもってできるように作られています。よしこさんも楽しみながらやっていましたね。四角の板を穴に入れられたときは手を叩いて喜んでいましたね。よしこさんの発達に合わせて関わることができたら、よしこさんは**楽しみながらいろいろなことができる**と思います。
母親：私にはよしこが何ができるかよくわからないのです。家では、私が関わろうとすると手で払いのけてしまいます。よしこは何歳ぐらいの発達なんですか？
心理士：お母さんも気がついていると思いますが、よしこさんは発達がゆっくりです。でもよしこさんのペースで発達しています。
母親：でも、私には、よしこに合わせてやれません。3歳ならもっといろいろなことができるでしょう？
心理士：一般の幼稚園や保育園では、よしこさんの発達に合わせた設定はなかなか難しいと思います。よしこさんと同じように**発達がゆっくりの子どもたちの集団なら、他の子が興味があるものをよしこさんも楽しめる**でしょうし、ちょうどよい集団になると思います。知的障害と言われる子どもの通園場所なのですが、だからこそ少ない子どもにたくさんの職員をつけて丁寧に関わることができます。また通いやすいようにバスが無料になったり、子どものためにお金が使えるように特別の手当があります。よしこさんのためにそのように丁寧に関わってもらえる場所を利用してみませんか。

このように、母親の様子を見ながら、母親が受け入れられそうだと思うと、**一つひとつ加えていきます**。はじめには、支援についての話をして、次に、手当や療育手帳やガイドヘルパーなどの福祉施策の話をしていきます。障害が重い場合は、親が**子どもに関わる目安として発達年齢を利用する**ことをお勧めします。

発達検査を行なってみた結果、知的障害があることが明らかになった場合、CWは、①保育園や幼稚園と並行して通園施設[*5]（児童発達支援事業）に通うのがよいのか、②専門の通園施設（児童発達支援センター）だけの通園がよいのかを検討します。また、意欲や体力から見てどれくらいの頻度で通園することが可能かを判断します。それから、家から通園施設までの距離、通園方法（通園バス、親が自動車等で送迎等）、親の就労状況（どの程度なら送迎可能か）等について面接していくことになります。

以上、創作事例を見てみましたが、親がどのような反応をするかわからないのに、面接の準備をするのは無駄ではないかという考えがあります。ケースがどのように展開していくかについていろいろと頭のなかで考えをめぐらすのは、頭のなかで面接に向けての準備をしていることだと思います。面接でどのような展開になるかは、確かに、実際の面接の場面になってみないとわかりません。前もって考えても無駄なので、その時の相手の出方によってどう対応するかを考えようというやりかたもあるかもしれません。しかし、**面接の場面でいろいろな状況を読み取るのはなかなか難しいのが現実**です。私は、**面接相手がどのような考えでどのような言動をとるのかを面接に先立って仮説を立て、イメージができてから面接に入る**ことを勧めます。実際にイメージ通りに進むことはあまりありません。それでも、自分の対応のスタンスを明確にして面接に臨むのが大切な理由は、自分の立ち位置が明確になることで、実際の面接で相手の言動を理解しやすくなることです。相手の実際の言動が当初イメージしたものと違っていたとしても、どのように違うかを認識しやすくなるので、心理士は適切な対応をとりやすくなります。事前にウォーミングアップしておかないと、即座に相手の意図を理解して面接することはできないと思います。

注

＊1 軽度の情緒障害がある子どもを入所あるいは通所させて治し、退所後も相談等を行なうことを目的とする児童福祉施設。通称「児童心理治療施設」と言います。第5章の注＊も参照。

＊2 日常生活に支障をきたす程度の能力の障害を表す行政用語です。

＊3 対人社会性・コミュニケーション・創造力に関する発達の偏りがみられる発達障害の一つで、生まれつきの脳機能のアンバランスさによるものと考えられています。

＊4 注意欠陥・多動性障害。注意力の問題と多動・衝動の問題の両方あるいはどちらかがみられ、そのために日常生活に支障が起きる発達障害の一つで、生まれつきの脳機能のアンバランスさによるものと考えられています。

＊5 「児童発達支援センター」は児童福祉施設に位置づけられる通園施設です。通所支援のほか、障害児支援の拠点として、障害児やその家族への支援や地域の障害児を預かる施設への支援も行ないます。その他の通園施設は、障害児の身近な療育の場として位置づけられる「児童発達支援事業」と分類されます。

5 引き出す面接

相手にどうするかを考えてもらう

宮井研治

私は面接に対して〝**相手（相談に来た人）に自分で考えてもらいたい**〟という基本方針みたいなものがあります。もちろん、基本方針ですから常にというわけではありません。また、ストレートに「それはご自身の問題ですから、ご自分でお考えなさい」ということもありません。そこは少し自分で考えてもらうように持っていくスキルを用います。また、情報を欲しがっている人には、自分の持っている情報を与えるのは当然です。今までそれなりに人の相談を受け、いろんな人にお会いしてきて思うところは、人は自分自身の思うようにしか動かないということです。だから、自分が本当に決めたことには忠実です。相談に来た人に「こうしてみたら」あるいは、「それは止めた方がいいよ」と指示や解釈を与えて、反対の方向に進まれたり、決して止めなかったりされたことがどれほどあったことか？　みなさん真摯に悩んでいるし、その問題を共有すればするほどこちらは〝何か一言〟言いたくなります。でも、その一言で次に相談に来てくれなくなることも多いということは事実です。

で、結論ではないですが、その人に考えてもらうのがいいなと思ったということです。また、このやり方の利点としては相談する側も受ける側も楽だということです。みなさん自分なりの解決の方法は持っているし、そこをうまく聞き出すことがポイントだと思います。これには少しばかり練習が要ります。最も大事なことは、相手に対する興味やリスペクトが部分的にでも持てることだと思います。それなしには成立しない方法だと思っています。

はじめに

自分の面接に対する信条を的確に示せた事例というわけではありませんが、どうにもこうにもならないかもと思い込んでいたケースで、相談に乗りながらどう関わればよいのか見通しが持てず、途中で放り出すわけにもいかず、〝当事者である家族に考えてもらおう〟と開き直ったときになんとかなっていったケースを、この章で取り上げてみようと思います。（相手のニーズ、相手のこれからのプランなどを）「引き出す面接」の一つの例になるかと思います（プライバシーの保護のため、事実はかなり改変して記載しています）。

その前に私がこのケースと関わることになった背景について書いておく必要があるようです。私は以前、情緒障害児短期治療施設＊（以下、情短）の心理職として勤務していました。そこで、このT君ご家族の担当としてご両親の相談に乗る役割を振られました。具体的には、入所しているT君の今後をどうしていくかの相談を受けることです。家に戻れるのか？　戻れる状態になるのはいつなのか？　ご両親はどう考えているのか？　T君はどう考えているのか？など、いろんな「？」についてT君も交えて話を進めていく担当ということです。児童相談所（以下、児相）の記録風に書けば、T君の入所の主訴は「発達障害による家庭および学校での不適応」であり、ご両親側の訴えとして「本児の学校でのトラブルの報告に母親が精神的に追い詰められ、父親も本児を叱責する以外手がなく、本児も家庭でも居場所がなく火遊びのようなことをしてしまう」ということが書かれてありました。結果として、ご両親はやむなくT君の入所を希望しました。さらに児相の心配事として「父がT君に手を上げて叱責したことが何度かあった」「母が本児のトラブルを気にして本児を学校に行かせない」といった虐待を疑うことも書かれてありました。

子ども側の養育のしにくさ（ＡＤＨＤ〈注意欠陥・多動性障害〉や、ＰＤＤ〈広汎性発達障害〉など発達障害からくる育てにくさや、それから派生する学校での不適応など）を引き金としてその保護者が虐待で応えてしまうというパターンは、入所に至る経緯としては珍しくないものです。ただ、このケースではそれ以外に担当者としての〝やりづらさ〟を相当かかえていました。

1 どういう点で私はこの家族をやりづらいと思い込んでいたか？

昔の歌で（歳がばれますが）、「不幸せかぞえたら～」というくだりで始まる歌がありましたが、まさにケースとのやりとりがうまく運ばなくなると、担当者というものはその理由をいろんなところに探し始めるようです。それで納得するわけではありませんが、自分を責めてみたり、保護者のせいにしたり、当事者以外を非難してみたりします。それは、このケースに限ったことではありません。でもこうしたケースとの関わりにおける行き詰まりの原因探しをしても、うまくいったためしがないというのが私の実感です。

で、今となってこのケースのどんなところが〝やりづらい〟と私は感じていたのかを考えてみました（順番と困難度には関連はありません。思いついた順番です）。

①このケースの児相での担当ワーカーからして、強い苦手意識を持っていることがう

かがえる（決して非難しているわけではありません、共感しているのです）。
②引き継ぎケースである。
③母親との連絡がつきにくい。自分の都合でこちらからの連絡をとったり、とらなかったり。そのくせ、ちょっと立ち話でつかまると小一時間も話を続けられて、切れない。
④本児は外泊を希望するが、親のほうから外泊の段取りを連絡してくれることはない。
⑤担当者である私と本児がつながりを持ちにくい。はっきり言って〝かわいくない〟。
⑥本児が情短の生活に定着しにくい。生活担当の職員も手を焼いている。

①については、困難ケースのケースファイルの特徴として、やたら分厚く読む気がしないということがあります。当事者に会う前に有益な情報も含め、役立たない無益な、さらに言えば有害な情報とも出会う機会が増します。このケースにおいても子どもの問題や行動特性の記載より、母親の苦情が学校の先生を休職に追い込んだ件や、父親が親戚からの横やりで十分な遺産相続を受けられなかったことなど、知っていて悪くはないけれど知らないなら知らなくて済ませられる情報のほうが豊富な感じを受けました。特に母親についてはいわゆるモンスターペアレントとして扱われており、いろんな医者を行ったり来たりするドクター

ショッピングの傾向も記載されていました。こうした家族に関する情報は当たっているものもあり不確かなものもありました。一つ言えるのは、実際にモンスターか否かという問題もあるのですが、記載した側（ここでは担当ワーカーですが）はモンスターとして母親を見ていたという傾向であり、ケースを引き継ぐものはその傾向も取り込んでしまう可能性が高いということです。

②はどの本にも書いてはいませんが、実感としてあります。引き継ぐことは前任者とケースとの関係を踏襲する部分としない部分とを考えていかないといけないし、面倒くさい手続きを踏まざるを得ません。さらに自分がうまくいかなくなると前任者を恨みたくなるのは人情です。

③④については、親御さんと話をしていく上で本当に苦労させられました。お母さんとの会話はこんな感じでした。

私：お母さん、先日からなかなかお電話が通じなくて。お体の具合でも悪かったんでしょうか？　そろそろT君の来年度のことも考えないといけないですよね。

母：（電話が不通だった話は全く触れもせず）そうなんですけど、学校のこととか考えるとやっていけるのかと心配になって。かかりつけのY先生（Yクリニック）は、支援のいる子だから地域の学校で手をかけてくれるのが当然だと言ってくれるのですが、私も働かないとお父さんも部署が変わって前ほど残業ができなくなったし、それに、来年は上のお兄ちゃんも受験で、勉強してくれないから私学も考えないといけないし。先生どう思います？

私：え～！　どのことについてですか？

母：（その質問には答えずに）Tの眼の具合ですけど、なんかさっき会ったら目を細めて見ていて、やっぱり見えにくいんですかね？　幼稚園の時にS眼科に連れて行ったときは、もう少し大きくなって状況を話せるようになって連れてらっしゃいと言われてたんですが、やっぱり連れて行ったほうがいいんでしょうか？　それとも先生のところで連れてってもらえるんですか？

私：視力が心配なのですね？

母：（その質問には答えずに）でもやっぱり学校が苦手になったのは、小1のときにスリッパを隠されて、そのときは担任の先生からはTも手を出しているから、一方的ではないじゃないですかとか言われて。でもそれって〝いじめ〟ですよね？　いじめられた子ってやっぱり心の傷とかになるんですかね？　違いますか？

私：そこですか……。

このように、自分の話したいことを話したいときに話したいだけという感じです。たしかに母親と関わることになった先生などはたいへんだったことと推測されました。話を聴くことは大事なことです。しかし、聴き込んでいけば必ず次の展開が訪れてくるというように書かれた専門書もありますが、私はあれは嘘だと思います。少なくともうまく聴くことと、うまく質問することが必要とされると思います。

④は、③と関連していますが母親から外泊の連絡を入れてくれることは少なく、本児から連絡すると、「では帰っておいで」という流れで外泊が決まる形でした。そのうち、この親は本当に子どもに外泊してほしいと思っているのかという疑問につながっていきました。母親と話ができないこと以上に、担当者が母親への不信感を持つきっかけとなったように思います。

ここまでなら、親への期待はするがそれがかなえられない不憫なT君という構図で、T君と担当者が強くつながるというような次の展開も他のケースではあるのですが、本児とは全くもって難しいことでした。一例をあげると、ある週末、例によって本児から外泊の電話をさせてほしいと担当者である私へ希望が出されました。金曜日の夕食前のもう遅い時間でしたが、一度T君と一緒に電話します。しかし母親の電話は留守電になっていました。今日はもう遅いので（金曜日だったので、明日土曜に電話して帰宅してもいいのではと私は考えました）明日電話したらどうかとT君に提案してみました。T君はそれには納得せずブツブツ文句を言います。どうやら、今週の外泊については母親と前回の外泊時に約束できているから、後は迎えに来てもらうだけなのだというのがT君の主張のようです。発達的な偏りはある子どもさんですが、きちんと人の話は理解できます。しかし、彼が話したり主張したりする内容はよくわからないことが多いのです。納得していないことはわかったので再度電話をしますが、また留守電です。私は先の提案をしましたが、T君はやはり納得せず。私は他に用事もあるので待ってくれるように言って席を立とうとしました。するとT君は私の耳元に向かってがなり立てるように、

「親でもないお前になんでそんなこと言われなあかんのや@#%～＊!!!」

興奮して後半は聞き取れませんでしたが、烈火のごとく怒っているのだということはわかります。その後も用事に向かう私の後をついてまわり、恨みごとを呪文のように繰り返します。これからのこともあるのであまりT君の意向に沿うばかりでは困ったことになるため、こちらも我慢比べをしましたが、そのしつこいこと。それから再度電話をして夜遅く外泊となりました。いったん自分の要求が通るとコロッと態度が変わったT君は、迎えに来た父親とニコニコ（表情が読み取れない子なので、笑い顔と泣き顔の違いさえわかりにくくあるのですが）しながら、先ほどより1オクターブほど高い声で、「先生サヨナラ～」と父親の腕

にぶら下がるようにして帰って行きました。⑤にあるようにT君のことは最後まで正直かわいいとは思えませんでした。

そして⑥ですが、施設の人間関係というのはよくしたもので、捨てる神あれば拾う神ありのことわざ通り、家族を担当する心理職が子どものことに苦手意識を持つ場合、子どもの心理治療担当者が子どもの側に立てたり、その両担当がうまく関われないと感じたときは生活担当の職員だけはその子の〝いいところ〟や〝かわいらしいところ〟を探せたりするものです。よしんば、全滅であろうとも今度は学校の先生がうまい関わりを持ってくれることが不思議と起こります。一人の子どもをめぐるこうした**補完的な人間関係**は、ほぼ100％起こることなのですが、残念ながらT君に関しては起こらなかったと言えます。誰に聞いても関わりの難しい子、なつかない子として評価されてしまいます。たとえば、自分もさぼっているのに人のズルは大きな声でこれ見よがしに職員に告げ口する、それをたしなめられると今度は職員に食ってかかる。学校でも出された問題ができないと問題のせいにする。あるいは先生の教え方が悪い「へぼ教師」と平気で言う。給食の盛りが自分のだけ少ないと勝手に人のものと変えようとする。これでは友だちもできないで当たり前という感じでした。

でも、こうしたケースでも季節は巡り、節目は訪れ、否が応でもいろんな決定をしていかないといけない時期を迎えます。しかし、年度末を迎えようとしているのに、一体誰に何を決定してもらうべきなのか、担当者である私も全く見当がつきません。いや、見当がつかないのではなく私の中には「T君は家に帰りたいと思っているが、ご両親はもう1年延長してほしい、あるいは他の施設でみてほしいというのが本音ではないか」ということがありました。ですから、私が「やはり、あと1年はうちで見た方がいいんじゃないでしょうか」と切り出せば、一気にT君の来年度の方針は決まってしまうのではないかと考えられました。しかし、それをやってしまえばこの**家族の決定の仕方**（自分らにとって都合のいい意見をその都度拝借してくるような、たとえば前出の母親のドクターショッピングが良い例です）はますます変わらない。それに今回は私が利用される気がして、とりあえず私がT君の進路を決定することだけはするまいと、それだけがその時点で決めていたことでした。T君だけは、自分で来年度家に帰ることを決定し、言われてもいないのにどこからか段ボールを調達して黙々と荷物の整理に励んでいました。本人曰く「お父さんが来年は地元の小学校に通って中学は私学を受験しろと言った」と生活の先生に告げ、周囲の子どもたちに家に帰れると自慢して回っていました。

2 どういう所から、私はこのケースとの関わり方を変えようと思ったのか？

私の中のT家の評価は最低なものでした。しかし、結局私もこのままではT君や母親、父親についてのマイナスの情報を彼らのケースファイルに書き加える人たちの一人に名を連ねるだけに終わってしまうことになると思いました。〝少し自分の立ち位置を変えられないか〟――これは私がケースとのやりとりで行きづまったときに考える道筋です。相談をする側のケース（これは一人のときもありますし、家族の場合もあります）と相談を受ける側の私がちょうど対面する場面があります。その状況を、ちょうど上の方から眺めているイメージです。俯瞰する感じですね。メ

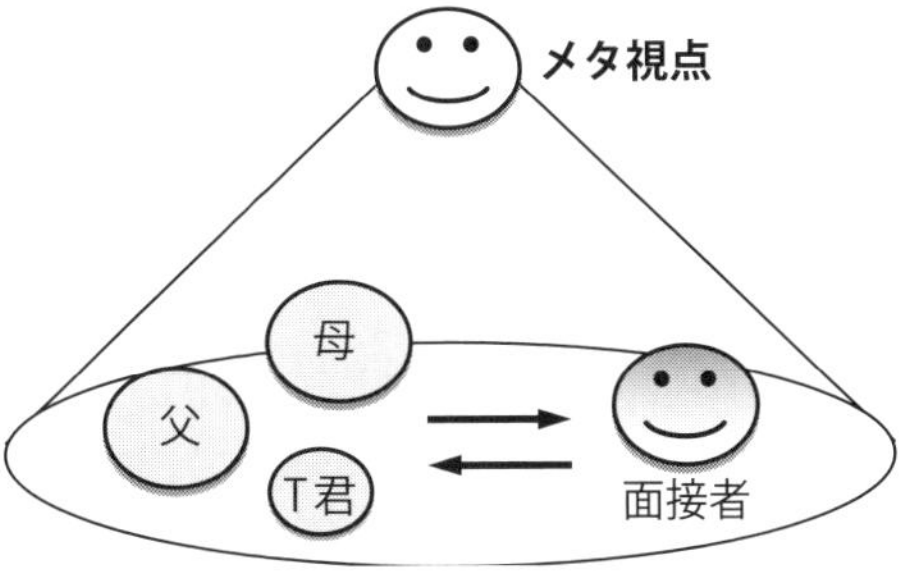

図1　メタポジションのイメージ

タポジションに立つなんていう言い方もできるでしょう（**図1**参照）。

イメージの話になってわかりにくいかもしれませんが、上から眺めていると、今までケースにからめとられてにっちもさっちもいかなくなっていた私がずいぶん楽になります。そうすると、今まであの親はどうとか、この子はどうとか、断定的に判断を下していた自分から少し解放されます。さらにケースと私との関係がどうなっているのかに関心が向かうようになります。どういった関係性が結べるならケースのお母さんと私は協力して子どものことに取り組めるのかしらと考え始められます。相手の批判でなく、自分の次の一手について相手にどう響くかをより真剣に考えながら関わることができやすくなります。いつもうまくいくとは限りませんが、少なくとも楽に自由になれます。

さて、ここまではどうしても抽象的な立ち位置の話になってしまいましたが、では具体的に次に何をするのかをお話しします。次の一手は相手の**ストレングス**（強み）に注目することです。関西弁風に言えば〝ええとこ探し〟です。これは簡単そうに見えて相当難しい。なぜなら、問題点やおかしな所に、より注目をしていく専門教育を受けてきた私たちにとっては慣れない作業だからです。同様に、ケースのお父さんやお母さんも問題を語るのに長けた人たちですから、その両者の話は行き着く先は「やっぱり変わりっこないよね」という合意です。問題を語るほうがいかに上手かのたとえ話をすると、あなたが担当しているクライエントさんに自分の問題について質問すると、微に入り細に入り過去から現在にいたるまで小一時間でも語るのに、「どうなりたいか?」と尋ねるとしばらく口ごもったあげく一言「しあわせになりたい」とだけ答えて黙り込む。こんな極端ではなくとも、ありそうな話ではないですか? 「問題」についてはたくさん話せても、「**解決**」についてはほんの少ししか語れないのです。語れないことが実行できる可能性は高くはありません。

一体ぜんたい、T家族のストレングスとは何なのか? ほんとにあるんだろうか? 最初は思い当たりませんでした。家族に対する私自身の負の仮説が私をとらえて離さない感じでした。

「両親にとって結局、本児は厄介者である。しかし、それを母親も父親も認めようとはしない。本児のことについて自ら決定しようとはせず、常に人任せで他力本願である。父親は仕事に逃げ、母親は病気に逃げている。本児も厄介者扱いされているのに薄々気づいている。だから余計しがみつこうとして、外泊に固執する」

こんな負の仮説が私の中にとぐろを巻いている限りは、ストレングスとか変化への兆しなどつかめそうにはありません。ただ、問題にからめとられてはダメだからと、無理にこの仮説をチャラにしてもっと善意に満ちた仮説に置き換えようなどとしても、痛い目をみるのが落ちでしょう。こうした見方しかできていない私とT君や家族との関係に注目しながら、先ほどのメタポジションの立場に自分を置いてみました。そうすると家族は私からみればマイナスである様々な要因を持ちながらも、どうやって家族としてここまでやってこれたのかという立ち位置に自分を置くことができました。こういう立ち位置に自分を置けるならば後は比較的に楽に流れていきます。

T家族のストレングスとして以下のものが私に見えてきました。

- 母親は父親への不満を言うけれど、結局のところは父親を頼っている（例としては、大きな決定事項は必ず父親を通す）。
- 父親は仕事中心で子どものことは母親任せとは言うけれど、子らには非常に慕われている（例として、T君はよく父親の自慢をして、ケンカで不利になると「お父さんに殴ってもらうぞ」が決め台詞になっている）。
- 本児は両親の言うことだけは聞く（例として、担当者である私がいくら説明しても聞かないのに、電話で父親に話してもらうとしぶしぶではなく手のひらを返したように従う）。

もし、以上のストレングスを面接の中で家族に返して家族をエンパワーするのであれば、

（　）の中の例をあげながら前段のことを伝え、褒めることが、より相手を納得させる言い方だと思います。「お母さんがこれは大切だと思うことは必ずお父さんの意見を尊重されている姿を見て、やはりお母さんはお父さんを頼りにされているのだということがよくわかりました」といった感じでしょうか。

こうしてT家族の〝ええとこ探し〟をしながら出てきたこの家族のキーワードは〝**家族への忠誠心**〟です。家族それぞれがいろいろな問題を抱えながらも基本的に家族への忠誠心を忘れないということです。そう考えれば、前述のT君の「お前なんか家族でもないのに〜」発言もうなずけるというものです（もちろん腹は立ちますが）。〝家族への忠誠心〟というキーワードそのものズバリはT家族の誰にも伝えてはいません。私の中でT家族に対して貼り替えたラベルだと思います。

3 具体的な対応をどう変えたのか？

自分の中のT家族へのラベルの貼り替えはできましたが、具体的に変えたことがありました。T君にとって最も大事な週末外泊の連絡（今週はできるのか、いつも通り金曜日の夕方なのか土曜日の午前なのか、何時頃迎えに来てくれるのか）を今までは母親ととり、母親の電話が留守電なら父親へかけるようにしていました。基本的にお迎えは父親の役割ですが、父親が仕事のときは母親が迎えに来る（母親が来るときは遅刻が多く、T君はイライラしながら待つということが多かったように思います）という流れでした。それを、父親中心に変えたのです。

今までは**家族のスポークスマン**を母親にしていました。それは、母親はクレームをつけがちな人なので、家族の代表として立てておいたほうがいいという戦略的な見方があったからです。その思い込みは、かつて母親が学校に対してモンスターペアレント的であったという情報に、私自身も知らず知らずに踊らされていたからかもしれません。でも、実際の母親は物事一つも自分で決め切れず、父親を頼っていました。もちろん、父親に対する不満はいろいろと聞かされましたが、最終決定は父親に任せていました。母親単独の面接では「私はいいんですけど、お父さんが……」というフレーズは何度も聞かされました。父親への責任転嫁ではあるけれども、一方では父親を立てている姿と見て取れました。父親中心にスライドさせた理由として、母親から父親が忙しい部署からやや余裕のある部署に配置換えになったと聞き（給料が下がるので母親は不満な様子でしたが）、父親に前面に立ってもらういい機会だと思ったからです。母親も経済的に苦しくなるのでパートに出るということなので好都合でした。

まずは母親のほうに、外泊については父親と連絡をとり直接迎えに来てもらうことの了承を得ました。それから父親という順に話を進め、最後はT君本人に伝えました。母親がきちんと迎えに来ないことが多く、かといって面と向かって母親に文句を言えていなかったT君がこの話を一番喜んでいたようです。

さて、この毎週末の外泊のやりとりの変更は思いのほか、私とT家族の関係に変化をもたらしました。第一に、外泊のやりとりの中でT君がイラつく場面がなくなりました。母親との電話が通じなかったり、長いこと待たされたりしてイライラさせられることがなくなったからです。私は電話で父親とやりとりすることが増えました。T君が外泊のたびに大量に家から施設へ持ち込んでいた玩具類も、父親からT君に減らすように頼んでもらうとすぐに納得してもらえました。たぶんまた私から頼んだら「家族でもない奴になんで命令されないかんのや！」とキレられたことでしょう。母親に直接確認してはいませんが、母親のいつももらしていた「結局、子どものことは私が全部やらないといけないし疲れるんですぅ」という不満の一部は解消できたかと思われます。

父親と私が近づけたとはいえ、父親は母親とは正反対に寡黙な人で、自分の意見は言わず、電話も用件だけで済ませ、T君を迎えに来たときも風のように去って行って挨拶もかわせないということがたびたびでした。その様子はできたら私と話すことを避けたいという態度のように見て取れました。ですから、肝心の来年度の意向といったものについて父親と話す機会は、待っていても自然とは訪れないことだけはわかってきました。

4 「引き出す面接」の効能

「このまま待っていたら、結局何も話さないままT君は施設に居続けたりして。児相もついうっかりしていて、進路を話し合うの忘れてましたなんて言いわけしたりしてね」というネガティブな妄想も頭をよぎりました。しかし、人一倍家に帰りたいT君が黙っているはずはなく、T君の荷造りも終わりを迎え、後はいつ帰るかというだけの状況になってきました。そこで、私から来年度に向けての両親との話し合いの場を設定しました。もちろん、児相の担当ワーカーにも同席してもらいました。

両親が来る前に、私とワーカーで事前の協議を持ちました。この時点では、自分なりの一連の作業工程（メタポジションに立つ↓家族との関係に着目↓ラベルの貼り替え）を経た私は、以前よりは家族の力を信頼できていました。それでも、T君の集団での難しさや、それを支える母親の能力の限界を考えると、父親は残留か次の施設という案を出さざるを得ないと思っていました。次の施設を選ぶなら、将来の進路も考えて中学部もある施設ということになるでしょう。ワーカーのほうは、T君が家庭復帰した場合、受け皿としての地元小学校と家族の関係が何ら改善されていないことに非常に不安を感じていたようです。地元小学校のほうも悪気はないのでしょうが、来年のT家族の動向をワーカーに問い合わせてきていたようです。ご両親は9割の確率で〝残留か次施設案〟を選択されるだろうと決め込んでいました。

【面接開始】

私：今日は、お忙しい中、お二人で時間を作っていただきありがとうございました。電話でもお伝えしたとおりT君の来年度のことなのですが、どのようにお考えですか？たぶん、Tさんのお宅のことだからもうすでにプランはお持ちだと思います。今日はそれを教えていただくことから始めたいと思っています。

父：前からお話ししていたように、Tもずいぶん成長したように思いますし、小学校最後の年は地元で過ごし卒業させ、地元の友人たちに慣れさせ、その上で本人が望むなら私立も考えていければと思っています。

私：（引き取りか。プランはたしかにT君がときどき自慢げに言っていたことと一致してるけど、でもお父さんの口から聞くのは初めてなんですけど……）そうですね。たしかに聞いたことがあるかもしれません。それで今日ある程度の決定をしたいと思うんです。T君が地元でやっていくのに不安はないのでしょうか？　実際、T君を見ることの多くなるお母さんは心配じゃないですか？

（母は答えず）父：この施設のおかげでTもずいぶん変わってきましたし、後は家でやらせたいと。お前もそうだろ？（母に水を向ける）

母：私は、今のようにこの人が学校との話をしてくれればいいと思っているし。あの子が家に帰りたいと言っている以上、かなえてあげたいし。前よりやりやすくなっています。そのことはありがたいと思ってます。

私：お二人がT君のことをお二人でよく考えてこられたことがわかりました。では、T君が来年お家で過ごし始めるために、お二人がちょっと安心できることがあるとすれば教えてもらえますか？

父：（いくぶん語気が強まる）それは前から言っていますように、地元の小学校の受け入れ方が……。

最後はいつもの地元校批判になりましたが、決定に関する予想は大外れでした。お世辞とはいえ、施設での成果を面と向かって褒めてもらえたことに、恥ずかしながらちょっと感激してしまいました。

プランは決まっていたのです。聞いていなかったのは私かもしれません。後はこのプランに沿ってお手伝いできることを考えていくしかありません。ただ、家庭復帰と聞いて、地元校との調整の難しさを考えたのか、横で聞いているワーカーの顔色が少し悪くなったように見えました。

この面接やケースとのやりとりを思い返してみても、〝ケースのことはケースが一番知っている〟〝相談を受ける側は、知らないのだから教えてもらうしかない〟という私の普段の相談に対する姿勢は間違っていないと思いました。もちろん、だからといってケースの決定事項をすべて諸手を挙げて承認するわけにはいきませんが。特にひどい虐待ケースなどは、親の決定事項をそのまま受け入れるわけにはいきません。しかしながら、**〝ケースのことはケースに聴け〟**という標語（私が作りました）は、人の相談を受ける者には必須の心得です。

5 偶然を味方につける

家族の依頼を受け、来年度への家族の心配を少しでも低減するため、地元の小学校と協議することになりました。両親、児相ワーカー、施設からは私と院内学級の担任、学校からは校長が参加して地元の小学校の応接室で行なわれました。年度替わりの春休みに行なわれたのでT君の地元校での新しい担任は決まっておらず、校長だけの参加となりました。校長は昨年赴任して来たので、T家族のことは申し送りでしか知らないはずです。そこには私が児相から受け取ったと同様のマイナスの記載が多かったことと思われます。

協議は硬い雰囲気の中でスタートしました。父親はT君が在籍した頃の学校の対応のまずさをまた持ち出しました。ここで校長がやったやらないの方向に話を持ち込めば、また以前と同じような関係がT家族と学校の間に結ばれたことでしょう。しかし、校長の態度はあっさりしたものでした。学校の非を認め、「これからどうしたらいいでしょうか」と尋ね返してきました。さらに、校長は今教育界をあげて取り組んでいる特別支援の動きを引き合いに出し、T君のようなタイプこそ支援されるべきだと言ってくれました。新しい校長というリスクが、善き理解者へと**偶然**に転化した瞬間でした。こうした偶然は引き起こすことはできませんが、見つけたら素早く生かすことも私の信条の一つです。たたみかけるように、院内学級の担任から、T君の学校での対応の仕方についてのノウハウ（授業への導入の仕方、コミュニケーションのとり方、トラブルへの対処法などなど）を伝えてペーパーにまとめたものを渡してもらいました。校長は新しいT君の担任に直接手渡し、説明すると約束してくれました。そのやりとりを見ていた両親の態度はずいぶんリラックスしてきました。

両親からはT君が今度はうまく学校でやっていくために、とにかくスムーズなスタートを切らせたいという話が出ました。そこで私から提案して、スタートといえば朝の登校なので、両親と学校で登校のシミュレーションをしてもらいました。その学校はいくつかの場所に近隣の子どもらが集まり、集団登校をするようになっていました。T君は、人を待たせることはできても待つことができないので、そこでトラブルになる公算が大きいという話になりました。結局、校長の一言で、T君は他の子が揃うまで待てないなら一人で登校しても良いということになりました。T君をサポートしてくれる子も決めようという話になり、始業式から1週間は集合場所に先生が見に行ってくれることになりました。ずいぶん具体的なところまで話を詰めることができたように思います。

最後に、父親が校長に、「ちょっとやんちゃな子どもですが、よろしくお願いします」とお礼を言ったときは、「ちょっとぐらいと、ちゃうやろ」と心の中でツッコミを入れてしまいましたが。

私は〝ええとこ探し〟には積極的ですが、それだけですべてがうまくいくとは思っていません。むしろ悲観論者であり、楽天家にはなりきれません。ですから、このケースのこともかなり悲観的に予想していました。しかし、1年後にクラスメートに囲まれ、たぶん笑顔を見せているのであろうT君の写真と、校長からの「いろいろありましたが、無事卒業の日を迎えました」というお手紙をいただいたときには、ことさらに家族の持つストレングスとそれを引き出す周囲との関係性に心を動かされました。あのときの家族の決定に〝否！〟を唱えなくて良かったと思いました。

6 質問することを止めないで

私たちにできることは、結局、効果的な質問をしていくことしかないのではと思います。そのためには、相談に見えた人に対する〝**興味**〟〝**好奇心**〟〝**リスペクト**〟が前提になければならないと感じます。ではそうした前提となる〝興味〟〝好奇心〟〝リスペクト〟を持つためにはどうするのか？　それは皆さんが個人個人でお考えください。

最後に、効果的な質問をいくつか。

「どうなりたいですか？」

「どうなったら今より少しマシですか？」

「そうなるためには、まずどんなことが必要ですか？」

「こうした状況でどうやってここまで何とかやってこられたのですか（生き抜いてこられたのですか）？」

＊注

情緒障害児短期治療施設とは、児童福祉法第43条の5に根拠を置く施設であり、「児童相談所における措置に基づき、情緒を適切に表現したり抑制することが難しい児童を短期間入所、もしくは保護者のもとから通所することにより、心理治療や生活指導を行い、児童ができるだけ早く家庭や地域などに自立復帰できること」が設立の目的とされています。基本的に生活担当、心理、学校（院内）の3つのセクションから成っています。心理職の業務は、子どもの心理治療を担当するということは共通していますが、各施設でそれぞれの特徴があります。私のいた情短では心理職が「親担当」と言って、親対応及び措置主体である児相との調整、施設内部（生活担当、学校）の意見集約等の業務を担っていました。

こう書くと非常に硬い仕事のようですが、それこそ子どもの足りない衣類を持ってきてもらうというような日々の細かい親との連絡に始まり、いつ家に帰せるかというような将来に関わるような話までしていました。児相や内部との調整についても、細かいことから大きなことまで担います。措置の最終決定は児相ですが、それに向けて親、内部と児相の三者をつなぐ要の役割と言えばわかりやすいかもしれません。

6 支える面接

相手にどうするかを考えてもらえそうにない場合

伏見真里子

私は心理の専門職で採用された県職員です。これまでの人事異動で、福祉や医療などいろんな職場を経験しました。仕事上での実家は児童相談所なのですが、実家を離れて放浪したかと思うとまた出戻ったり（笑）。その職場によって来談者の年齢や状況が違うので、面接の形や内容もずいぶん多様となりました。その結果、すべての対人援助に通じる「現場派・相手流」を信条としています。ここで、「私はユング派です」とか、「ソリューションの理念と技術に基づいて面接をしています」と言えれば格好いいのかもしれませんが、そういうわけにはいかないのが現場です。それぞれの状況にあわせ、これまでに学んだ心理学の知見や技術を「使い分け、選び、組み合わせ、臨機応変に活用する」というのが実際の現場の専門性だと思っています。そういう意味で、「現場派」と表現してみました。もちろん、単なる知見のごった煮ではなく、自分がどういう意図で何をしているかを自覚しておくことは必要だと思います。

さて、私たちが当事者に出会う以上、なんらかの目的があるはずです。大きな目的は当然、対人援助であり、その内容は相手の幸せです。しかし、こちらがよかれと思う価値観に相手を沿わせることではないので、相手の希望をよく知ることが大切です。

以前、思春期対応を専門にしていた頃、来談者本人の希望に合わせることが第一だと強く感じました。こちらの価値観にあてはめようとしても、全くやる気を出してくれなかったからです。ところが、本人の希望と現実との折り合いをつけてやり、自分の夢に一歩近づけるとなると、俄然彼らは動き出しました。来談者本人が納得して選ばないと乗ってこない、動き出さないと実感させられました。そういう意味での相手流です。

1 面接の信条、意図、技術

さて、私の信条は以上のようなものですが、本書では数ある「面接」の中でも「対人援助の意図をもった、言語を中心としたやりとり」について書いています。**図1**の楕円で囲んだ部分です。さらに、この章で語るのは、前章「引き出す面接」と対をなす「支える面接」です。相手がもっている考えを引き出し、その実現を支援する面接とは対照的に、相手にどうするか考えてもらえそうにないとき、たとえば、相手に考えがないときや、相手の考えが非現実的で希望にそっても良いことになるとは思えないとき、精神症状に左右されて適切な考えがもてないとき、もしくは言っても仕方がないことを本人

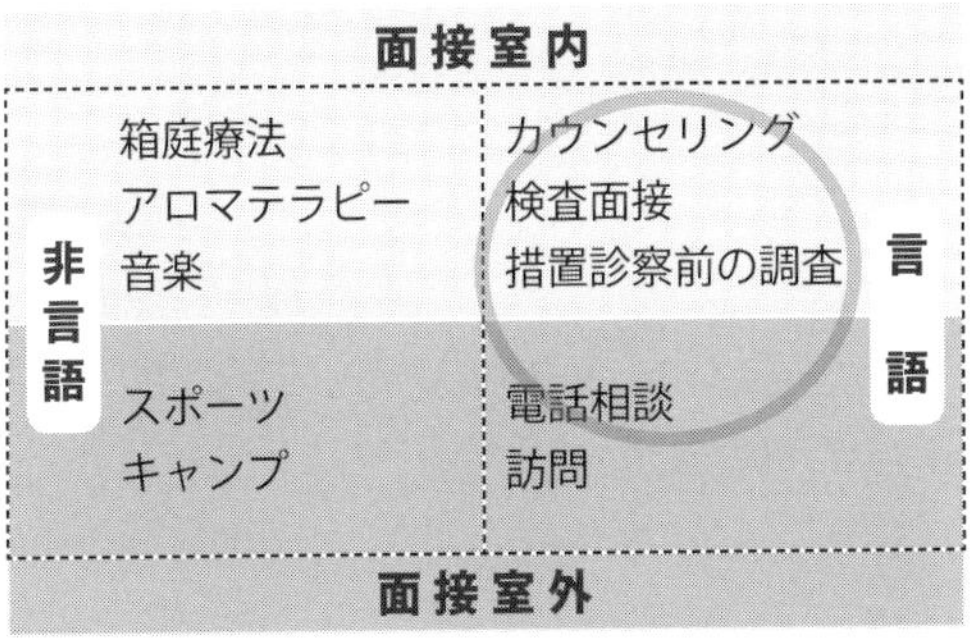

図1　対人援助の意図を持った 出会い＝面接

が重々わかっているとき、などでしょうか。いくつか事例をあげて解説したいと思います。

2 事例(1) 障害そのものを悲嘆する母

カウンセリングに来られた、ある知的なお母さん（仮名：田中さん）から聞いたことです。娘さんはアスペルガー障害と診断されており、学校や病院で適切な配慮を受けていて目の前の困りごとはない状態でしたが、娘さんの障害そのものが消えてなくならないことが悩みの種でした。その日も、娘さんが医師と面接している間、田中さんはケースワーカー（以下、ＣＷ）と話をしていたそうです。

ＣＷが「それで、お母さん、どうしたいのかな?」とやさしく聞きました。田中さんは内心カチンときて「どうしたいのかな?って、どうにもこうにもならないからこうやってグチってるんじゃない！　おばちゃんはね、あんたの2倍くらい生きてるのよ～。学校卒業したてのあんたに言われたくないわよ～」と思ったと言います。ＣＷの意図はなんとなくわかりました。〝言ってもしょうがないことをだらだらと聞いても何の変化も起こらない。専門家としてきちんとクライエントのニーズを引き出そう。質問は相手の漠然とした思いを明確化するのに有効である。思い（ニーズ）が明確になると専門家としての対応がスムーズになる〟と至極まじめに頑張ったのだと思います。前章のとおり、相手によってはとても良い方法です。しかし、田中さんの場合、この状況では支える面接が必要だったのでしょう。そこで私は次のように応じ、以下のようなやりとりになりました。

私：そうですよね。どうにかなるものならとっくにやってますよねえ。
田中：そうなのよ！　でも私、その場はグッとこらえたわ。
私：田中さん、すごいじゃないですか～！　成長しましたね（笑）
田中：いや～そうかなあ（笑）　伊達に長く生きてないものねえ。こうやって、グチをきいてもらうのが息抜きなのよ。癒されるわあ。

田中さんの場合は、障害を持つ子どもにまつわる困りごと（二次障害）や、できないこと（機能障害）でなく障害をもっていることそのものが苦になっている状態でした。言ってもどうにもならないことなどご本人が一番よく知っている。でも言いたくなるときがある。できれば奇跡が起こって障害が全部消えてしまってほしいと願う。そんなときは当然あると思います。こういうときは「支える面接」です。**「支持的」な応答**と〝成長した〟というちょっとした**リフレイミング**を活用してみました（この例のような言い回しは、ある程度冗談も言い合える関係作りができていないと地雷を踏みますので、使用にはお気をつけくださ い）。相手のことばを慎重に聴き、相手の状態やお互いの関係をよく把握して、自分をそこへ合わせていく（楽器のチューニングをするように）ことが大切かと思います。

3 事例(2) 電話相談の女性

40歳くらいの一人暮らしの女性Aさん。匿名での電話相談のため詳細不明。うつでクリニックへ通っています。新型のうつというのか慢性的でなかなか良くなりません。背景には被虐待歴や認知の歪みもあるようです。スーパーや図書館に行く以外はほとんど家で過ごし、電話相談以外は人と話をすることがありません。ときどき電話がかかってきました。相談といっても何か解決したい課題があるわけではなくて「ずっと一人で誰とも話をしないとますますうつになる」と、人恋しくなるとかけてくるのです。

彼女の言ってほしいこと

Ａ：なんでかなあ。すっごい甘えてくるのよ～。ひざの上でゴロゴロ言って、幸せそうにしてるの。かわいいわあ。お母ちゃーんって言ってるみたいなのよ。なんでかなあ。ねえ、どうして？　猫ってみんなこうなの？　人にきいたらそんなことないって言うんだけど。うちのタマちゃん（猫）は特別だって。なんでかなあ？

ここまで、こちらの答えを誘導されると「ほんと、かわいいですねえ。特別に甘えん坊みたいですね。お母さんだと思われてるんじゃないの？　あなたが大好きなのよ。きっと」と答えざるを得なくなります。彼氏ののろけ話を聞かされるときと同じ要領です。私の返事の前半はＡさんの言っていることの要約で、後半は、本人がうすうす思っていたり、そうだといいなと思っていて、かつ人に言ってほしいことを言語化したものです。人から言ってもらうことで、確信のない想像や妄想が一気に現実らしくなり、その人に喜びをもたらします。後々害がなければ、相手が言ってほしがっていることを言ってあげるのも一つの援助方法だと思います（あまりに喜ばれて、依存度が増し自立度が落ちても困るので、適度に言うことは必要です）。このような場合「そうですね。かわいいんでしょうね。お気持ちはよくわかります」と受容的に傾聴すると、相手には少しずれた感じを与えるかもしれません。

インデックスにすぎなかった

次に、こんな会話が続きます。

私：きっと、タマちゃんにお母さんだと思われているんですね。

A：え～？ ほんと～？ 嬉しい！ なんか元気出てきたわあ。そうかあ。母のように好かれてるのかなあ。こんなに好かれたことってないわあ。こんな関係、人ともったことがない。こんなに愛されたことなんかない。母にも愛されなかった。

猫との母子関係のような話を端緒に、彼女と母との関係が語られます。今なら心理的虐待＋身体的虐待といえる関係です。猫の話は、彼女の話のインデックスにすぎなかったのです。このようなことは少なくありません。**話の本質に耳（心）を傾ける**ことが必要です。

ババア死ね！

「話は変わるけど、今日もまた……」とAさんが話します。以下は私とAさんとの会話です。

A：スーパーに行ったらババアがうざい。どうしてババアって人に話しかけてくるんだろう。ババアがいっぱいいる。どこにいってもいる。ついてくる。ババアが人に干渉する。人の買い物かごにジャガイモいれるのよ！　もう信じられない！　こんな人っている？　ちょっとおかしいんじゃない？　図書館に行ってもこの本読みなさいってババアが言ってくる。ああ、ババアうざい。云々

私：ババア、うざいよね。

A：ああ、もういやだ～。ババア死ね！（笑）　あ～すっきりした。

年配の女性の干渉が苦手なAさん。やや被害妄想がかっている感もあるようですが、どうなのかと探りながら「**共感する**」と、その批判されないという私との関係の中で暴言を吐くことができ、ほっとしたようです。

A：このあいだは、別のババアにスーパーで会って声かけられて、次に自転車に乗ってたら道路で話しかけられた。しょっちゅう会うの。ストーカーかしら。他の人もこんな目にあうんでしょうか。もういや！

私：**しょっちゅう**って、頻度はどれくらい？

A：う～ん、４年に2回くらい。

私：4年に2回？
A：うん。
私：4年に2回。
A：……少ない？　そんなもん？
私：同じ市内で生活してたらそれくらいは普通に会うかもね。顔見知りなら声くらいかけるんじゃないかな。
A：そっか～。そうだよね。それくらいはあるよね。私だけかと思った。普通あるよね。

「しょっちゅう」を明確にする。客観視する

子どもが「ＤＳ買ってよ～。**みんな**持っているんだよ」と言います。「みんなって何人？」ときくと「２人」とかいうのはよくあることです。「**みんな**」「**いつも**」「**しょっちゅう**」などの大まかな量を表す言葉は、それを使う人の主観が反映されやすい言葉ですから、具体的にどれだけなのか聞いてみると状況がはっきりします。相手に聞いてみると、「言うほどでもないか」と自分で気づいてくれることもありますし、気づいてくれない相手でも、こちらの側で客観的な状況を把握できるので安易に相手の世界に巻き込まれずにすみます。相談者が巻き込まれると、共感というより相手の不安を煽ったり、被害的な考えを強化した

りするデメリットがあります。

〈例〉パターンA
子：ママー、**みんな**DS持ってるんだよ。買ってよ。
母：え～そうなの、もう**みんな**買ったの？
子：そうだよ。タカシはクリスマスプレゼントにもらったし、ツヨシはお年玉で買ったんだ。ぼくだけ持ってない。一緒に話していても**いつも**仲間に入れないし（涙）
母：そうなの。かわいそうに。辛かったんだね。
母子、暗い気持ちになる。

〈例〉パターンB
子：ママ～、**みんな**DS持ってるんだよ。買ってよ。
母：**みんな**って何人？
子：２人。
母：いらないじゃん。
子：でも**いつも**話に入れないし。

母：**いつも**って？　今日何してた？
子：サッカー。
母：あら。楽しかった？
子：まあね……。そうだ、ぼくゴールを決めたんだよ！　試合はじまってすぐだったんだ。
母：へえ～すごいじゃない。将来はJリーガーだね!!
母、夕食を作り続ける。子、楽しかったサッカーを思い出してにんまりする。

右の例は、ごく日常的な会話ですが、このパターンが子どもの育ちの過程で幾度も繰り返されると、パターンAとBでは母子関係や子どものパーソナリティに大きな違いが表れてくると思われます。ことばのやりとりは些細でも重要です。

電話相談のAさんの事例では、安易に共感することが〝年配の女性に常に干渉される〟という彼女の不安を煽ってしまうかもしれません。猫の話と合わせると、彼女が母から虐待を受けて育ち、今もまだその恐怖や不安に悩まされていることが感じられます。①の「彼女の言ってほしいこと」の面から考えると、「つきまとわれてるわけじゃないよ。大丈夫だよ」と言ってほしかったというふうに見ることもできます。自分が今、母から離れて安心安全な状態にあることを明確にしてほしかったのかもしれません。

兄の影

また別の日に、次のような電話がかかってきたのでお話を聞きました。

A：アパートの玄関の鍵が調子悪くて。鍵屋さんへ電話をしたのよ。電話に出た鍵屋さんは中年の男性で、結局来てもらうのが怖くなって修理は断ったんだけど……。住所と部屋の番号を言ってしまったから、怖くて。突然やってこないかしら。ストーカーされないかしら。

私：鍵屋さんがそんなことしてたら商売にならないと思うけどなあ。なんでそんなふうに思ったの？

A：電話で話してたら兄みたいだなって思って。兄を思い出してしまって……。

私：お兄さん？

A：いつも暴力をふるってた。母もだけど。兄も。

彼女は今、家族と決別して一人暮らしをしていると以前聞いていました。家族に探し出されるのを恐れて親戚にも居場所を知らせていませんでした。「家族から逃れたい、もし探し出されたらどうしよう」という不安が常にあったのでしょう。彼女にとって、母や兄は干渉的で侵入的なもののようでした。それで、干渉されることやストーカーされるという不安を持つに至ったのだろうと思われました。
そこで、鍵屋さんのことはさておき、次のように話しました。

私：お兄さんに見つかることはまずないでしょう。誰にも居場所は知らせてないんだよね？
A：うん。
私：もう10年も見つかってないんだよね？
A：うん。……大丈夫かなあ。
私：大丈夫ですよ。

鍵屋さんが何かの用で来ようと思えば来れないことはないと思いましたが、それは置いておいて、兄が彼女の住所をつきとめてやってくることはまずないと思われました。そこで、彼女の不安の原点でもある兄に焦点を合わせて話しました。表に出ているインデックスより、その内側にある不安の原点のほうが扱いやすいときもあります。

事例4 (3) 引きこもりの青年と祖父

祖父との面接

21歳の青年（翔くん・仮名）が深夜に暴れて家の中を破壊しました。包丁を持ち、自殺しようとしました。持病をもつ祖父と二人暮らしでした。手に負えなくなった祖父が110番し、本人は警察に保護されました。翌日の明け方、警察から保健所に措置通報[*1]がありました。私と同僚は警察署へ駆けつけました。警察から得た情報によると、青年は2年前に派遣の仕事をクビになり、以後ひきこもっているということでした。事件のきっかけは、祖父が口うるさく本人に就労を促したことでした。

長髪でスウェット姿の本人が、警察の面接室の隅でうなだれていました。普通は家族が後からかけつけるものですが、祖父の姿は見えませんでした。警察が祖父へ連絡したのですが、体の調子が悪いことや車がないという理由で来ていないとのことでした。多分に本人に関する面倒については拒否的な感じで、かかわりたくないというのが本音のようでした。

同僚が本人、私が祖父をという分担で、面接を行なうことにしました。何度も家に電話をかけますが、まったく出てくれません。しかし、措置診察[*2]の前には状況調査が必要であり、祖父の話はぜひ聞いておかなければいけませんでした。また、診察には家族の立ち会いが必要です。祖父には会わなければいけません。私は家へ行くことにしました。そのころ、同僚と面接していた本人は泣きながら措置診察に同意したようでした。

古い2Kの市営住宅。ベルを何度押しても返事がありません。玄関のドアには「物品販売、勧誘、宗教お断り」と張り紙がしてあり、いかにも拒否的な感じです。ドアを叩いてみますがまったく反応がありません。裏へまわってみます。窓の鍵はかかっていない様子でした。ちょっとあつかましいかと思いつつ、窓をノックして、少し開けながら声をかけました。「○○さ〜ん、こんにちは。保健所ですよ〜」（悪びれてはいけません。明るく呼びかけるのがポイントです）。怒鳴られるのも覚悟の上でしたが、幸い良い返事が返ってきました。「あ〜、保健所さん？　いろいろ来るから、返事せんのじゃ」と。中へ入ると寝たり起きたりの祖父がこたつに座っていました。「警察が、あいつを引き取れと言うのかと思って、電話には出なかった」と。

用件を手短に伝えました。立ち会いは、「長く歩けないので」と拒否。生育歴を以下のように聴き取りました。

翔くんは、一人っ子で現在母方の祖父と二人暮らしである。父は彼が小学校のときに癌で亡くなった。病院に行くお金がなく、受診したときにはすでに遅かった。父母は母方の祖父の反対を押し切って結婚しており、母は勘当されていた。父亡き後、母は一人で翔くんを育てていたが、しだいにうつ状態になった。働けなくなり、実家を頼ったが祖父は母を冷たく拒否した。その後、母は自殺した。中学生であった翔くんは祖父を恨んだ。しかし行くあてもなく、祖父との借家住まいが始まった。翔くんは小学校時代から学校を休みがちで、母が亡くなってからは中学卒業までのほとんどを自室で過ごした。小学校の頃はおとなしいが思いやりのある子で、周りから好かれていた。中学になって引きこもっても友達は少しいて、ごくたまに電話があったり歩いていける範囲の外出をした。小遣いをもらっていなかったのでゲームセンターや映画などに遊びに行くことはなかった。

16歳の頃、今回と同様に祖父にしつこく就労を促されて大暴れをした。しかしそのことが良いきっかけとなり、翔くんは初めてアルバイトに行った。その後、短期間にいくつか仕事を変わりながらも、派遣の仕事に落ち着き、社員寮に入り自立した生活を送っていた。2年間、安定した日々が続いた。

ところが、折からの不景気で翔くんはリストラにあった。次の仕事が見つかるまで、ほんの短期間のつもりで祖父の家へ戻った。祖父も短期間のつもりで翔くんを迎えたが、1年たち、2年たっても就労せず、引きこもって昼夜逆転した彼にいらだった。実際、わずかな年金で二人で生活するのは困難であったし、体調の悪い祖父は、夜間に家の中で翔くんがたてる物音のために眠れず、ストレスがたまっていた。そして、今回、再び祖父が口やかましく就労を迫り、翔くんは爆発した。精神科の受診歴はなく、精神症状を疑うような言動もないようだった。

措置診察の前の調査はこんな感じで終わりです。受診歴があれば主治医の意見も聞きます。措置診察や入院をする病院についての家族の希望があれば、それも聞いて可能な限り調整することもあります。しかし、祖父の語りは終わりませんでした。きっと今まで語る相手もなく、孤独に過ごしてこられたのだろうと思われました。長い長い話が始まりました。何度かやんわりと切り上げようとしたのですが、祖父の話を止めることはできませんでした。

このとき私は、じっくり聴こうと腹を決めました。ジョイニングであり、アセスメントであり、心を開いてもらって、もう一度こちらのお願い（立ち会い）を持ち出そうという魂胆もありました。先を見越した駆け引きというわけです。ですが、批判せず傾聴するうちに、祖父の話は長年押し込めてきた内面を吐露しはじめ、カウンセリングの様相を呈してきました。祖父は何度も保健所や福祉事務所に相談したといいます。引きこもりに対応するNPOにも相談したそうです。どれも、だめでした。「年金があるので生活保護はもらえない。地域の保健所は動いてくれない、NPOは本人に通所しろと言う。心療内科にも相談したが、本人を連れてこなければいけないという。本人が動こうとしないから困っているのに何もしてくれなかった」と恨み言が続きます。祖父が本人をなんとかしたいと思っていたこと、精神科の受診をさせたいと思っていたこと、手に負えなくなってからは捨て鉢になって、本人の精神科入院さえ希望していることなどがわかりました。「うん。うん」「そうだったんですか。大変でしたね」とひたすら傾聴しました。

しだいに祖父の話が翔くんの母の死に向かっていきました。「自分は娘を殺したようなんだ……。そのことで翔は自分を恨んでいる。今回のことも、自分たちのそういう関係が根底にあるのだ」と話し始めました。「うん」と支えます。ずっと押し殺していた娘の死への悔恨、それが日常生活の枠を破って噴出したように思われました。〝少し聴き過ぎた〟と思ってブレーキをかけなければいけませんでした。ここから先は、枠のしっかりしたところで、日常生活に影響を与えないように非日常という枠を作って聴くべきではないかと思いました。祖父にとって、娘の死というのはふだん日常生活の中では開けないパンドラの箱のようなもので、開けてしまうとその中から日常生活では扱えないたいへんな感情が出てきてしまうだろうと危惧されました。それは、何とか平穏な均衡を保っている日常生活を乱してしまう可能性のあるものです。だから、日常とは隔てられた、しっかりとした守りのある枠の中（カウンセリング室や法事など）で取り扱われるべきものです。「おじいちゃん、辛かったですね」と私は半ば強引に話に区切りをつけました。

私：おじいちゃん、ほんとに大変だったね。今回こんなことになったけども、おかげでやっと受診につながるわ。翔くんも受診については納得してくれましたから安心してください。

祖父：翔が納得した？　信じられない。やはり私が言うと素直に聞けなかったんじゃろうな。

私：そうかもしれませんね……。それでは、おじいちゃんも、一緒に行きましょう。

祖父は足が悪いから、体調が悪いからといったんは断りましたが、車で乗せていくし、車いすの利用も可能なことを伝えると、それ以上は拒否はしませんでした。なによりも支持的に聴き、信頼してもらえたことが良かったのだと思います。

さて、措置診察等、緊急の通報は県保健所で対応しましたが、その後の地域ケアは市保健師へつないでいくことになっています。しかし、この面接の続きをそのままお願いすることは難しい気がしました。職種による聴き方の違いや家庭訪問という枠のなかでの難しさがあったからです。

この祖父には、**しっかり聴いて批判せずに支える**ことが必要でしょう。支持的な、言葉によるモーニングワーク（mourning work）が必要でしょう。そして、より前向きには、次章のように家族の歴史に関する認知を変えていくという手法が必要と思われます。人生の最後に、「いろいろあったけど、精一杯生きた。まずまずの人生だった」と思ってほしいと願ってやみません。

措置診察の結果、翔くんは「自傷他害のおそれなく措置入院不要」ということで帰宅しました。イライラ感と衝動性が治まるような薬が処方されました。連日イライラ感が続き、眠れず疲れ果てていた翔くんは、薬を飲んで久しぶりにぐっすり眠りました。イライラが治まると、普段のおとなしい翔くんに戻りました。翔くんは薬の効果を感じていて、むやみに祖父と言い争いたくなかったので、自分がイライラしていると思ったときには余分に薬を飲みました。その結果、次の受診予定より1週間も早く薬がなくなってしまいました。

薬が切れて数日後、祖父がパニックになって電話をしてきました。

祖父：昨日の夜、また暴れた。何をしても良くならない。何をやっても無駄だ！

と、悲観的です。祖父の話から薬が切れていることがわかりました。

私：薬が切れているだけです。

あえて断言しました。暴れたきっかけは祖父の暴言などであり、環境の調整が必須なのは明らかだったのですが、とりあえず薬で回避することができるのも確かであったので、〝薬が切れているだけ〟として、**問題をできるだけシンプルに**して祖父の混乱をおさめたかったのです。

私：すぐに受診できるように病院に連絡を入れるから、翔くんを受診させて。
祖父：そんなことができるなら困らない！　翔は夜に暴れて今は寝ている。起きてきやしない。それに言うことをきかない（半分泣きそうに訴えます）。
私：おじいちゃん、翔くんのとこへ行って。起きるように言って。起きなければ揺すって！

とにかく一つひとつやってもらうよう、具体的に促しました。受診させることはとてもできそうにないように思えるけど、起こすことだけはできるかもしれない。スモールステップで、できることを一つずつやってもらおうという意図です。

私：とにかく起こしてください。
祖父：起きた。返事をした。
私：じゃあ着替えさせてください。

指示的に祖父に伝えます。なんとか起こすことができました。着替えの服は持っていないとのこと。スウェットのままで外出可能でした。些細なことでも、数少なくても、〝できたことをめいっぱい賞賛〟します。

私：おじいちゃん、できたじゃないですか！　素晴らしい。そしたら今度は玄関まで押していってください。玄関まで行ったら靴を履かせて外に出してね。あ、お金も持たせてね。

自信を得た祖父は少しやる気になりました。祖父はうまくやれました（本人に受診の動機があったということも幸いしましたが）。「おじいちゃん、怒ってののしるより、本人を押した方がよっぽど早いね」と少し教育的なことも言ってみたりしました。

青年との面接

翔くんを保健所の「引きこもり支援プログラム」に誘うことにしました。訪問し、説明すると、「交通費がない、行きたくない」と、拒否。「わかった。でも、もし気が向いたらいつでも言ってね。待っているからね」といったんひいて帰ると、その日の夕方に翔くんから電話がありました。「知らない人ばかりのところはちょっと。どんな人が来るの。何人くらい来るの」との質問でした。「知らない人に会うのは気が重いのね？」と要約・確認すると「そうだ、怖い」と言います。「プログラムに参加する人はみんな人が怖いし、誰も来ないかもしれない。来ても2～3人」と答えると少し安心した様子でした。そして「友達も一緒に行っていい？」と意外なことばが聞かれました。友達も引きこもっているらしい。承諾すると、突然「伏見さん、僕のこと、馬鹿だと思っとる？」と真面目に聞いてきます。

私は、彼の本来の能力は高いと思っていました。ただ、小学校の中頃からほとんど学校へ行っていないので、漢字の読み書きなどの基礎学力は不足していました。そのことに、彼はコンプレックスを持っていたようです。就労していた頃、社会に出て恥ずかしい思いや辛い思いをしたこともあるのだろうと思われました。馬鹿だと思われはしないかと不安で人が怖いのだと思いました。「馬鹿だなんてまったく思っていないよ」と答えました。「ほんと？」と少し嬉しそうな声が聞こえました。

プログラム当日は、会場までNPOの車で送ってもらうことにしました。NPOとの待ち合わせの場所に私も行ってみました。翔くんは友人と二人で待っていました。「お昼食べた？　おなかすいてない？」と挨拶代わりに言うと、「食べたよ。でも、もし食べてないって言ったらどうするつもりだった？」と言います。〝ジャブがきた〟という感じです。〝こちらの誠実度を試されている〟と感じつつ、こんなこともあろうかとバッグの中に忍ばせたクッキーとチョコを配りました。お腹が減ってないという割には二人とも喜んで食べてくれました。余談ですが、大阪のおばちゃんの生活の知恵に学び、飴やクッキーを持ち歩くと、このように役に立つことがあります。他にも、乳幼児健診などで「言葉が出ないし、呼びかけても振り返らないので耳が悪いのでしょうか」という相談がありますが、そのようなときにも、ポケットの中で飴を握ってガシャガシャと袋の音をさせてみるという技があります。話しかけても反応なしの子が、そのガシャガシャ音にはしっかりと反応したりすることがあります。

後日、市の保健師へ引き継ぐべく、一緒に訪問をしました。翔くんは布団にくるまって寝ていました。声をかけて部屋へ入ります。しばらくなんだかんだ言いながら揺すってみると反応がありました。「オレ、もう行かんよ」と言います。「引きこもり支援プログラム」に参加しないと言うことです。劣等感を感じたのか、何かに怒っているのか、しょうもないと思ったのか、援助者を拒否しているのか。〝ある言動に関しては少なくとも3つの可能性を考え、それを検査や面接で検証せよ〟と昔、上司に指導を受けたことがあります。辛かったのかな、疲れたのかなとまずオーソドックスに考えてみましたが、念のため質問して仮説を検証してみました。

私：なんで？

翔：仕事、決まったんだ。

私：え？

なんと、聞いてみなければわかりません。ならばもっと誇らしげに言えばいいのに。そういえば、何度も「行かんよ」をくり返していました。つっこんで聞いてほしかったのです。

ここで、ものわかりよく「そっか～。無理しないでいいよ。気が向いたらまた来て。待ってるよ」なんて間の抜けたことを言わなくて良かったと思いました。翔くんが見つけた仕事は短期のアルバイトでした。12月の寒い時期の早朝の仕事。アルバイト先まで歩いて30分かかるといいます。友人と二人で行くということでした。せめて自転車があればと思い祖父に言ってみましたが、そんなお金はないと、とりつく島もありませんでした。

もうすぐアルバイト開始という頃に、私は翔くんに電話をかけ、「自転車どうなった？」と聞いてみました。どこからか借りてきたとのことでした。このときは自転車は用意できていなかったので「ないって言ったらどうするつもりだった？」と聞かれなくてよかったと心底ほっとしたものです。朝5時からの仕事は何かと心配です。ついいろいろと言ってしまいます。「早起きしなきゃね、いや昼夜逆転しているんだから、逆に大丈夫だね。はなから寝るな、そのほうがいいよ」「体暖めていかないとね。少し早くしたくをして、何か食べて行くんだよ」ここまでくると、もはや専門職の面接ではなく〝おかん〟ですね。

でもそういうかかわりが必要で、それをしたときに、うまく展開しだすというケースがあるのは日頃感じるところです。専門職の役割から一歩踏み出して、そのときに必要な現実的なケアをする。翔くんの場合、引きこもっていて2年ぶりに外へ出るのです。大変なことです。母親がいれば、期待と不安であれこれ配慮をするに違いないと思います。あたたかい朝ご飯で送り出したり、雨や雪の日には車で送ったりするかもしれません。その役割は、保健所にも福祉事務所にもありません。でも、その小さな心配りで後の進展が違ってくることはよくあると思うのです。

翔くんの初出勤の前の日、仕事の帰りに家へ寄ってみました。翔くんは髪を短く切っていました。カップラーメンを渡すと、小さな声で驚いたように「ありがとうございます」と言ったのが印象的でした。

以上、「自分で考えてもらえそうにないとき」「支えるしかないとき」の面接ややりとりのほんの一例をあげてみました。いつでもこのような方法でうまくいくわけではありませんが、「支えるしかないとき」には有効かもしれません。本書では、いろんな状況での面接について、各担当者がそれぞれに書いています。どれが正解ということはありません。どうぞ、みなさんが出会われた来談者さんに必要なことをくみとって、その人にあった面接をなさってください。この本の各章のどれかが、みなさんのお仕事のヒントになれば幸いです。

注

＊1 精神保健福祉法第24条に規定される通報。精神障害のために自傷他害のおそれがあると認められた場合、警察官が最寄りの保健所長を経て、都道府県知事に通報するもの。

＊2 精神保健福祉法第27条により規定される診察。都道府県知事は通報等のあったものについて、調査の上必要があると認めた場合は指定医をして診察させなければならない。

7 物語を紡ぐ面接

子育ち・親育ち、家庭の生育歴をふりかえる

大島 剛

昔、児童相談所で働いていました。時折、一時保護所の宿直業務が回ってきて、心理の仕事を離れて児童指導の仕事ができることを密かに喜んでいました。一時保護所にはいろんな子どもたちの人生の縮図があり、いろんな顔をした彼らと話をすることが楽しみでもありました。

ただあるとき、子どもたちが入った後の静まり返った風呂場かトイレの前だったと思うのですが、突然「こんな生活、私は嫌だ！　耐えられない」という

気持ちに襲われて、一気に気持ちが暗くなりました。そこは一人で入るような小さなスペースではなく、家庭とはかけ離れた、ひんやりとしただだっ広い場所です。彼らが長い時間家庭から離れて、このようなところで過ごしていることにあらためて気づかされました。たぶんそれが一時保護所にいる子どもたちの人生の本当のすさまじさに触れた瞬間だったと思います。

そしてそれ以来、彼らの苦悩の重さを少しずつ実感できるようになり、同時に彼らのすごさを尊重するようになりました。一時保護所の子どもたちは、こんな人生をものともしない顔で、明るく元気に普通の子どもをやっているのです。たぶんどの子どもたちも、生まれながらに持っている発達する力があるからこそ、大変なことでも表面には見せずに生活していってしまうのでしょう。どのような環境にでも適応していく、この子どもたちの発達のエネルギーは生半可なものではないことがはっきりわかってきました。

このあたりから、私の面接は治療技法云々を駆使するのではなく、この発達の力をしっかりアセスメントして、その子固有の発達する力を理解し、それに胸を借りていくという方向に大きく舵を切っていったように思います。

1 「発達相談」という立場から

私は**K式発達検査（以下、K式）の使い手**です。K式はとても面白い心理検査であり、子どもたちの**発達に出会うツール**としてよくできたものです。このK式を通して、私はたくさんの子どもたちの発達にも出会わせてもらいました。子どもたちに胸を借りて、子どもたちを「**お師匠さん**」として、発達とはどんなものであるかを教えてもらえました。K式を通しても、私は子どもたちの生半可ではないエネルギーを見せてもらっています。

私の面接スタイルは、少し他の執筆者とは異なっているかもしれません。子どもたちの「発達」を味わうことをベースにして、この「発達」の力を借りて面接を進めていくわけです。いささか難しい言い回しかもしれませんが、心理療法やカウンセリングというアプローチよりも、子どもたちの発達像を分析し、理解し、できるだけ共感し、子どもたちの発達を促す環境を整えるのにはどうしたらいいかを、面接を通してお母さん（本来はお母さんだけではなく、お父さんやその他親族など含めた保護者の方とするべきですが、ここでは特にその代表としてお母さんを念頭に置いて話を進めます）と一緒に考えていく方法をとります。できればK式を使ったり、生育歴を聴いたりすることによって、短時間でその子どもにとって最大の専門家であるお母さんの専門性に近づいて、その子どもについてコンサルティングする気持ちで臨みます。もちろん私の専門性からアドバイスを行なうことはあるのですが、最終的に一緒に考えることが目標です。でももっと言えば、お母さんが今までやってきたことをしっかりと受け止め、いろいろなことに気づいて、整理できて、最終的にお母さんの元気が出ればいいと考えています。

2 「子育ち」ということ

「子育て中のお母さんは～」という言葉がよく使われます。私はこの「子育て」という言葉をお母さんに対してあまり使いません。何となくこの言葉には、子どもは弱く、受身的だから、お母さんは弱い子どもを保護し、全責任を持って育てるという図式が当てはまる印象を強く感じます。しかし、子どもの発達するエネルギーはすさまじいので、むしろ「子

育ち」という言葉のほうがしっくりきます。つまり、子どもは主体的に発達する存在なので、発達しやすい環境を整えてあげることがお母さんの務めであり、お母さんは広く子どもの発達を援助する存在であるということになります。こういうとらえ方によって、お母さんは一方的に子どもに全責任を負わなければならないプレッシャーから解放されると思います。**主体的に発達する子どもと、その育ちの環境を整えるお母さんの相互作用**によって、双方の発達が促されていくわけです。

子どもの発達がどんどん進めば、お母さんも変化せざるを得ないわけであり、言い方を換えれば、お母さんは「**親育ち**」していかなくてはなりません。つまりお母さんは子どもとともに発達する存在であり、そのお母さんが育てる最初の子どもの年齢が、お母さんの「**親年齢**」とすることもできるでしょう。初めての赤ちゃんを育てているお母さんは親としては赤ちゃんであり、2番目の子どもができると、1番目の子どもに学んだ経験から、安心感や手抜きの術を身につけていくように発達するわけです。子どもが思春期に入れば、やっと親年齢は思春期、子どもが親になれば、やっと親年齢として成人になるという図式です。ただ、お母さんも親年齢相応の知識や態度を持ちながらバランスよく年齢を重ねて育っていくことは重要です。

3 家庭の生育歴

この子育ち・親育ちの相互作用は、家庭の中で起こります。この家庭の中の相互作用は、子どもとお母さんだけではなく、お父さんやおじいちゃん、おばあちゃん、場合によってペットなどの影響も含まれるでしょう。また、家庭が営まれる住環境、その家庭が大切にする衣食その他の好み、それを支える経済的基盤、その家庭が持つ伝統・文化も、大きな要因になってくると思います。

そしてきょうだいの存在は、それぞれが他のきょうだいと同様にお母さん、お父さんとの間の独立した家庭の中のシステムを構築していて、きょうだい間のこのシステム同士が引き合ったり、反発し合ったりして、大きく作用し合います。同胞葛藤というものは、一見単純そうで奥の深いものです。そして、皆それぞれ学校や会社など家庭外の場所から、毎日毎日さまざまな荷物を背負って戻ってくるために、家庭外の影響も相当大きなものとして考えなくてはなりません。

つまり、**子どもが示す様々な行動は、家庭という器の中で継続的に起こる子どもと家族の相互作用の結果であり、この器は地域・風土の海に浮かび、そこに家族の歴史、文化、伝統の風が吹く**というふうにたとえることができるかもしれません。主人公である子どもの生育歴情報を一つひとつ聴いていくことによって、推測を交えながらその子どもが生まれてから（実は生まれる前から）の**家庭の生育歴**を構築していき、その家庭の歩んできた物語を味わわせていただくわけです。もちろん短時間の話の中ですべてがわかるはずはありませんが、その子どもの主訴に影響を与えている要因が何かを吟味していくと、少しでもその問題を解決していくヒントに出会えると思います。それをひとつずつ念頭に置いてお母さんと話していくうちに、お母さんにも私にも新しい発見が出てくると思います。もちろん過ぎてしまった時間を取り戻すことはできません。簡単にやり直し、育ちなおしができるわけでもありません。でも家庭の生育歴をふりかえって、そのときに起きていたことに注意を向けたり、反省したり、頑張っていたことを再発見したりすることで、前向きなエネルギーが生まれてくることが多々あります。ナラティヴの成果と言えるのかもしれませんが、私が大切にしているところがここです。継続的な面接の見立てをするために、生育歴情報の収集をすることが一般的だと思います。しかし、たとえ一回しか出会わない面接であっても、今に至るまでの歴史を聴かせていただき、できるだけそれを尊重することで、少しでもお母さんがこれからの子育ち援助へのエネルギーを持って帰ってもらえることを、私は面接の目標としています。

4 発達段階に即したポイント

私の経験を踏まえて、できるだけ具体的に家庭の生育歴を聴いていく面接のポイントを発達段階に即して紹介します。

胎児のころ

この時期で私が重要だと思うポイントは、妊娠を望んでいたかどうかです。レイプや婚姻外の妊娠によって、産みたくない子どもがお腹の中にいるという状態は、親子ともども大変不幸です。また、全く妊娠に気づいていなかったので、自宅のトイレで墜落産をしたという信じられない話を聞くこともあります。お腹の中でネグレクト状態に置かれた赤ちゃんの場合はダメージが大きいようです。出生後すぐに乳児院に入った赤ちゃんでも情緒面で大変不安定な子がいます。気質や個性で片づけられない**母胎内ネグレクト**の可能性も考えなくてはならないかもしれません。

一方、1500g以下で生まれた赤ちゃんを極低出生体重児といいますが、この赤ちゃんのお母さんたちの苦悩にもきついものがあります。ちゃんと産んであげられなかった罪障感、他のお母さんと同じようにスタートできなかった落ちこぼれ感、早く他の赤ちゃんに追いつかせたい焦燥感にさいなまれ、それを家族に支えてもらえない場合に様々なリスクが高まります。産んですぐに抱けないし、一緒に暮らせないことで、お母さんと赤ちゃんの相互作用のスタートが遅れますし、そのスキルも磨かれません。早く追いつかせたいので、健康状態や栄養にばかり関心が行ってしまい、心理面での発達に気持ちを向けることが少なくなることもあります。罪障感から「ダメなお母さん」と落ち込んで育児ができなくなることもあるようです。このあたりのお母さんの苦悩をしっかりと受け止めてあげないと**子ども虐待**へのリスクも高まっていくと思われます。

乳児のころ

この時期から幼児期にかけて気になるのが、アタッチメント（愛着）という情緒的な心の絆がどのように形成されていったかだと思います。たとえば人見知りがいつごろ、どの程度、どんな感じだったかが大事な情報になります。そしてどの程度お母さんとアタッチメントを育むことができる環境であったかを考えることも大切です。保育所に行っていることもあるし、きょうだいがいることもあるでしょう。量より質ですから、時間が長いか短いかを考えるのではなく、赤ちゃんがお母さんとのアタッチメントを育むチャンスがどの程度あったか、お母さん以外の人がどれくらいそれを補うことができたかということが中心になると思います。このアタッチメントは、赤ちゃんの**将来にわたる人間関係の基盤**にもなりますからとても重要です。だから、この時期に虐待を受けると本当に大きなダメージがあると思います。

眠ってばかりいて大変楽だったり、人見知りがなく、誰があやしても、一人であっても機嫌よくしていたりと、お母さんとしては大変やりやすかった赤ちゃんもいます。一方でちょっとした環境の変化や刺激に敏感で、すぐに火のついたように泣いたり、食が細くてなかなか大きくならなかったりして、お母さんの気が休まらなかった赤ちゃんもいます。多くの赤ちゃんがそうであるような発達の道筋から極端に離れる場合には、いわゆる発達障害も念頭に入れる必要があるかもしれません。また、虐待通報を懸念して安心して夜泣きに付き合えなかったり、おばあちゃんとの育児方針の違いにプレッシャーを感じたり、お父さんの非協力やＤＶなども絡んだりと、お母さんを取り巻く環境によってどのように子育ちに援助できるかが変わってきます。特に最近多くなった、初めて抱く赤ちゃんが自分の子どもであるお母さんは、何事に対しても自信がなく不安に陥りやすくなるでしょう。インターネットなどで多くの情報が簡単に入ってきますが、むしろどの情報が正しいのかを悩むことも多くなります。

幼児期前半のころ

幼児へのスタートが順調であるかをチェックするのが**1歳6ヵ月健診**です。しかし1歳6ヵ月健診は万能ではありませんから、この時期のことばの出方やコミュニケーション、対人関係や外での活動性、偏った好みや行動など、一般的な発達の道筋からのずれを聞いておくことは大切だと思います。ただし、そこにあるお母さんの思いを無視して事務的な聴取をすることは避けなくてはなりません。子どもたちのエネルギーもパワーアップしてくるので、お母さんが子どもとどのような相互作用をとっているかが重要です。ただただ苦痛なのか、楽しんでいるのか、誰かにまかせて楽をしているのか、またそこを支える家族模様が家庭の生育歴を彩ります。

お母さんから、他の子どもとは少し違うと思っていたけれども、走り回る子どもを追いかけるか、手を引っ張るばかりで、顔を見た覚えがないと語られることがあります。もっと抱きなさい、愛情が足りませんなどと指摘されるけれども、精一杯なのが現状です。子どもを100%コントロールすることはできませんし、その子どもがお母さんの方を向いていないわけですから、むしろよくぞ離れずに傍についていったお母さんの努力こそ、褒められるべきなのです。

幼児期後半のころ

3歳前後になれば一般的にはいわゆる**第1次反抗期**といわれる状況が出現します。しつけのためではあるのですが、この時期に力で抑えたり、強引に導いたりすることで緊張関係が高まります。体罰まで使ったりして、体格に勝る**お母さんが主導権を取って言うことを聞かせるパターン**があります。実は、これによって子どもたちは、力による上下関係や暴力を使う解決方法を学んでいきます。一方では、**「自立を見守る」と称する放任パターン**もあります。子どもの反抗期の態度に対応できないので、つきあいたくないという消極的姿勢で、お母さんのほうからかかわりを薄くしていくために、子どもは好き勝手なことをしてもいいと学ぶだけでなく、**人に甘えたり依存したりせず、信頼もせずに一人でやっていかなくてはならない**ことを学んでしまいます。

実際の日常生活ではお母さんと子どもの対立や緊張関係だけではなく、アタッチメントをベースとした温かい関係もあります。お母さんとの関係は、トータルでどのようなバランスがとられ、子どもが何をどのように学習してきたかに視点をあてることが必要だと思います。

また、この時期からほとんどの子どもたちが**同年齢集団に所属する**ことになります。家庭以外の世界ができますし、ここでの人間関係を含めたこの環境からどんな影響を受け、どんなことを学習していくかも大きな課題となります。子どもたちがこのような**外の世界と家庭をどう使い分けながら生きてきているかを推測する**ことで、子どもたちが自分の持つ発達のエネルギーをどのように配分したり、充電したりしているかが見えてきます。家庭内の視点から見ることが多いお母さんは、子どもたちの外の世界での社交的努力を信じられなかったりして不安に思うことも多いようです。「家でこんなふうにしているから、外でも……」という発想はあまり当たっていないようです。

しかし、人間関係を築く力が弱い発達障害がある子どもたちは、しだいに周囲の環境と上手なバランスがとりづらくなって、**生きにくさ、苦しさを感じながらも、周りに合わせていこうと努力する**ことが多くなります。このような子どもたちのしんどさを理解して、配慮や応援をしてもらえる周囲の人間を増やすことに苦慮しているお母さんが多いのも実情です。

学齢期のころ

子どもたちの小学校内での生活が大きな割合を占めだし、友人、先生、クラス集団などの人間関係、小学校のカリキュラム、行事、物理的環境の影響のもと、何を学んでいくのか、発達のエネルギーをどこに使っていくのかが重要なポイントとなっていきます。このときに**家庭の支えが子どもたちの学校生活に多大な影響**を与えていきます。翌日の学校生活の準備を支援するのか、栄養や気分転換・休息を与えるのか、期待や勇気づけをこめて子どもたちのモティベーションを上げるのか、もつれてもやもやしていることを整理して道理を示してあげるのかなど、お母さんをはじめとした家族が様々な面で子どもたちを支えていけることが必要です。

小学校というところは家庭から見るとブラック・ボックスです。学校に関してはわからないこと、知らないことがたくさんあるのですが、ある面では子どもたちを信じて、ある面ではアンテナを張って、関心を失わずに、無理な介入をせずに、**子どもたちだけの活躍の場を大切にしてあげる**ことがいいと思います。特に、入学当初持っていたモティベーションが低下してくると同時に、**自尊心も落ち込んでくる**ことが多々あります。子どもたち自身の得意とすること、秀でていること、お母さんが好きなところを探しなおして、「**○○だけは他の子に負けないところ、お母さんが好きなところ**」**と支え続ける**ことが重要だと思います。また、担任の先生は学校内では親代わりですが、相性や教育方針にお母さんとずれが出ることはよくあります。お母さん・子ども・先生の三角関係となるわけですから、どっちかを味方にしてどっちかと対立することはよくあります。でも、大切なことはこの三者がうまく協調できれば、子どもたちは本当に楽になり、発達のエネルギーを自分を伸ばすことに使っていけるようになるということです。

思春期のころ

子どもたちは思春期に入ると、それまで堂々と「ぼくら子どもは……」と大人と区別していた時代を卒業して、大人の世界へ足を踏み入れてきます。そうすると早く大人になって自立しようと焦ったり、子どものままでいたがったり、意外と小市民であるお母さんやお父さんの姿が見え始めて失望したり、逆に理想に燃えたりして、混乱や対立が家庭内でも噴出することが多くあります。これが**第2次反抗期**というものですが、いわゆる**大人としての赤ちゃん状態**と考えることもできます。

気持ちが外の世界に向いていったり、家庭の内側に向いていったり、行動化の程度も様々であったりして、子どもたちの様子のバリエーションは本当に広くなり対応が難しくなってきます。子どもたちが自分と同性か異性かでも雲泥の差が出てきます。ただ、いずれにしてもこの荒波は、それまでの家庭内の相互作用の蓄積の上に立って起こっているわけですから、あわてずに流れに乗るのもひとつかもしれません。私の経験からも子どもたちが今後成長・発達してくれることで解消される問題も多いように思います。それくらい子どもたちの発達する力、適応する力は大きいと感じています。

ただ、お母さんやお父さんは変わらなくていいわけではありません。私は**バージョンを変える**ことをお勧めしています。小学校までは〈**子ども対大人**〉の図式のように、子どもにとって大人は、自分たちが発達していくための足掛かりでもあるので、グラグラせずに盤石な壁であり、階段であり、支柱であってほしいと思います。ただし、思春期以降はその図式が当てはまらなくなるので、むしろ〈**先輩対後輩**〉という図式も導入するべきではないかと思います。より**現実的な大人モデル**としてのお母さんでありお父さんであります。親としての責任放棄は困りますが、反面教師も含めて、より身近な存在であることが大切だと思います。小さいころからのつけが回ってくるのもこの頃ではありますが、そうしているうちに子どもたちが自分なりの距離やつきあい方を模索していってくれると思います。

5 面接に際して

第4節では、年齢を目安としたそれぞれの子どもの発達段階に即して、中心的なポイントとアドバイスを加えたものを示してきました。実際の面接に際しては、子どもの年齢段階の出来事だけに焦点を当てるだけでなく、私が取り上げた内容についてもしっかりとお話を聴いてもらえたら幸いです。もちろん私がピックアップしたトピックス以外にも重要なことはたくさんあります。お母さんが考えて重要だと思うこと、忘れずに記憶に残っていることは特に大切にしたほうがいいです。そしてそれらを時間的につなげて、その子どもの**発達の軌跡を想像して**いってほしいのです。少しだけアドバイスも付け加えますが、アドバイスをすることが第一目的ではありません。

通常、このような生育歴情報を聴く場合は、「**見立て**」をすることを目的とします。もちろんこの面接でも見立てはしますし、今後のことに対してカウンセリングや心理療法、その他の訓練や他機関への紹介などを考えていくこともします。しかし、私は最初に書いたように、子どもたちの発達する力を借りて、発達を味わっていく面接をしていきます。得意とする特定の心理療法的アプローチを私は持っていませんから、そのための面接につなげていくわけではありません。いわば子どもたちの胸を借りて面接しているようなものですが、私はこの面接は無駄だとか意味がないとかは思っていません。

この章のテーマにあるように「物語を紡ぐ」「家庭の生育歴をふりかえる」ことで、少しですがその子どもと家庭の生育歴がわかってきます。そして、お母さんに語ってもらうことで、そこに**共感**も**ねぎらい**も加えることができます。たとえて言うと「**マッサージ**」でしょうか。下から上に全身をゆっくり揉んでいくように、受胎からのその子どもの歴史をふりかえってじっくり聞いていくことで、凝ったところ、血の巡りの悪いところにお母さんも私も気づくことができます。そしてさりげなくお母さんを**エンパワーメント**することで、子育ちを援助する力を復活させていけるかもしれません。そこでは、過去の失敗を掘り起こすというやり方ではなく、たとえ失敗と思っていることでも徹底的に「**キャッチ・ポジティブ（いいところを探し出し、積極的に褒めていく）**」の立場で、子どもと行なってきた相互作用の成果を発見していき、後ろ向きな姿勢に陥らせないように考えながら行なっていきます。子どもの発達の力を信じて、子どもの努力とそれを支えるお母さんの働きを再確認するだけで、悪循環が断ち切られることもあります。私の面接の方法と目的はこんなところにあります。**子育ちの物語をゆっくりと紡ぎながら**、一方で**K式の経験から得たエビデンスや発達心理学、臨床心理学等の知見と比較しながら**、**お母さんと一緒に考えつつ**、**発達を味わう面接**もなかなか重要ではないかと考えています。

6 ここで「事例」を

あるお母さんが来談しました。主訴は、「小2の長男タケシが学校で落ち着きがなく、友達と遊べず、よくけんかになる。忘れ物が多い」と書かれています。

お母さんは、少し疲労の色は見えますが、きちんとした身なりでしっかりとした印象がありました。主訴のことについて聞きかけると、突然、学校に対する不満が述べられました。低学年は落ち着きがなくて当たり前なのに学校が騒ぎすぎること、家では問題がないので、たぶん担任の先生のやり方が悪いはずだということ、学校からの指示だからここに渋々相談に来たことをひとしきり語りました。この主訴も学校が一方的に決めつけたものであり、お母さんとしてはそれほど気にしていないと付け加えました。

〈解説〉主訴はとても大事です。主訴があるから来談するわけですし、お母さんがどのようにそのことを考えているかを推測できるからです。たとえば「不登校」の子どもの相談に来ているはずなのに、主訴に「学校に行かない」ではなく「親の言うことを聞かない」とする場合もありました。この事例の場合、主訴は学校が問題としているものを書いていますが、お母さんはその内容には否定的で、学校に対する批判が噴出しています。お母さんの学校との間の葛藤、被害者意識の高さ、防衛的な態度から、タケシの生育歴だけでなく、お母さんの秘めたる思いに焦点を当てなければならないと感じます。

まず、タケシの家族歴を聴取しました。お母さんはわりと淡々と話されました。

家族構成は、一般的な4人家族で、父（40歳・会社員）、母親（38歳・専業主婦）、タケシ（7歳）、弟（5歳・幼稚園年中組）でした。ただ、お父さんは仕事が忙しく、育児はお母さんにまかせっきりにされていたこと、転勤によって妊娠中にこの地に転居してきたこと、両親ともに実家は遠方であり、年に1度ほどの交流しかないとのことでした。

〈解説〉私は「家庭の生育歴」と言っていますが、お母さんとタケシを取り巻く家庭がどのように営まれてきたのかが重要になります。タケシが生まれる前からの情報を得ることで、家庭を持ったお母さんの人生に触れることができます。この土地になじめなくて心細かった、寂しかった、何でも一人でしなくてはならなくて忙しかった、妊娠中だったので引越しも何もかも体力的にかなりきつかったなどの仮説を立てて傾聴していきます。「大変でしたね」という言葉かけにも「そうかもしれませんけど、あまり覚えていません」と淡々と応えるお母さんの態度から、むしろ秘めたる苦悩が伝わってくるようです。

次にタケシが生まれるときからのことを聞いていきます。突然のことで、里帰り出産もできずに、在胎26週の時に自宅で破水し、何とか自らタクシーで産院に駆け込みました。でもＮＩＣＵ（新生児集中治療室）のある総合病院に救急搬送され、そこで出生体重１４８０ｇのタケシを出産しました。小さく生まれた割には、大きな合併症もなく、もう大丈夫だろうと言われて早めに退院することができました。

〈解説〉子どもの産み方、生まれ方はとても重要です。お母さんは淡々と語るのですが、とてもすごいことをやってのけています。これがこのお母さんの底力であり、真面目さでもあるのでしょう。タケシは極低出生体重児でしたが、大きな障害などはなく、早めに退院できたことに対して、タケシの持つ生命力の強さとともに、一人ですべてをこなしたお母さんを賞賛しました。ここが「キャッチ・ポジティブ」です。お母さんの顔が少しだけ照れくさそうに緩みました。ただし、お母さんの中で、早く生まれたこととお父さんの転勤、転居が結びついている可能性も念頭に置いておく必要があります。

次に乳幼児の頃の健康状態や発達について聞きました。体格は小柄（身長・体重ともに5パーセンタイル）で、ことばの始まりや歩くことは少しゆっくりなほう（始語1歳3ヵ月、始歩1歳5ヵ月）でしたが、出生時からフォローアップしてもらっていた医師からは、順調だと言われて気にしていなかったとのことです。1歳6ヵ月健診、3歳児健診では、「小さく生まれたから仕方ないですね」と発達がややゆっくりであることには触れられず、標準よりも小柄なので栄養や食事指導しかされなかったようです。

〈解説〉極低出生体重児の発達にはリスクを伴う場合があります。小さく、早く生まれたハンディがどのようにキャッチアップしていったのかを確かめておく必要があります。その際、医師にどのように言われていたか、1歳6ヵ月・3歳児健診での様子を聞くと客観的にどのような判断がされていたのかを推測する情報になります。タケシの場合は、「小さく生まれたから仕方ないですね」と言われて看過できる程度の、極低出生体重児としてはまだ順調な範囲に入る発達像を示していたようです。

それから、アタッチメントなど社会性の問題、発達の偏りを示すようなエピソードがないかにも重点を置いて聞いていきました。そうすると、人見知りは少なく、誰にでも愛想良くしていたこと、迷子になったことが数回あり、いつも追いかけ回していた記憶があること、自動車が好きで本物やミニカーにずっと見入っていたこと、弟が生まれても関心は乏しく、赤ちゃんがえりもなかったなどのエピソードが出てきました。

〈解説〉主訴のルーツがどこにあるかを特定するためにもこの情報収集はとても大切です。この辺りの問題が大きいと発達障害も念頭に入れておく必要が出てきます。特に極低出生体重児の場合はこのリスクが高まります。しかし、このお母さんの場合だけでなく、この内容を聞くときにはとても注意を要します。他の子と違って大変なのだ、問題があるのだと指摘されているように感じられ、お母さんが現実に直面させられることが多いからです。「個性ですから」とか「蘭の花を育てるように」とアドバイスをすることもありますが、やはりお母さんの衝撃は大きいと思います。私はキャッチ・ポジティブの姿勢に終始しますが、どうしてもそのことを聴いた後に発達障害かどうかの判断を迫られる状況の場合があります。このときは、発達障害である可能性をただ言い放つのではなく、これからのことを一緒に考える覚悟のほどを示します。何とか一歩でも前進していきたいという気持ちを前面に出して臨みます。

タケシのお母さんは、若干の動揺は感じられましたが、まだその話をする状況ではありませんでした。集団参加の話を聞いたところ、幼稚園の話から小学校の話まで一気に語られました。３歳から3年保育で通った幼稚園は自由遊び主体であり、友達は多いほうではなかったものの、タケシも楽しく通っていたし、園からも特に何か言われたことはなかったとのことです。

小学校入学後、1年生の担任の先生からは、「1年生は皆こんなものですよ」と特に指摘されることはなかったのに、2年生になって担任の先生が変わってから、いろいろとうるさく言われるようになったと少し興奮して話されました。2年生の担任は年配の女性の先生で、何かと口うるさく電話をかけてくるようで、落ち着きがない、授業を聞いていない、忘れ物が多いなど、学校がこんなに問題視することが心外であることなど、最初に話したところに戻りました。

〈解説〉幼稚園や保育園は人間関係のるつぼですし、子どもたちが家族から離れて発達のためのお仕事をするところです。私は仕事場と家庭という大人のような図式で、子どもたちの集団参加を考えることがあります。お父さんやお母さんが仕事を終えて家庭に帰ってくることと、子どもたちが幼稚園・保育園から帰ってくることは、どこか共通します。仕事の様子を理解することも必要ですし、その仕事へのエネルギーが家庭で充電されているかを見極めることも大切です。

タケシのお母さんはどうもタケシの仕事のことを家庭に持ち込んでほしくないようです。家庭でタケシらしくしていてほしいという気持ちが強いのでしょうか。

ここまで話したところで、私はどうしても気になっていたところを聞いてみました。弟のことです。すると、お母さんの目から大粒の涙がこぼれ、こらえていた感情が一気にあふれ出しました。バタバタと生活する中で育てたタケシは、「手がかかるばかりでかわいいと思えなくて、2つ下の弟がかわいくて仕方がない、なんでこんなふうになったのだろう」と泣きながら話されました。迷子にならないよう後を追いかけてばかりいて、じっくり抱いてあげた記憶が少なく、気がつくと弟ばかり抱いてあやしていたような気がすること、結局、お母さんが小さく産んでしまったことから、ボタンのかけ違いが起きたのではないかと罪悪感を持っていることが次々と語られ始めました。

〈解説〉家族の中で抱く思いはさまざまです。真面目に子どもと向き合うお母さんほど、きょうだいに対する不公平さに悩み、その原因を自分の努力の足りなさのせいにする場合があります。ここまで示した内容は、「孤軍奮闘した」お母さんがタケシと営んだ生活の歴史物語です。お母さんの努力をねぎらい、低くなった自尊心をエンパワーメントすることが最初に必要です。キャッチ・ポジティブを駆使しながら、次にそこに隠れている家族のもつれた苦悩を少しずつほどいていくことが必要だと思います。ただそこにはタケシの側からの情報はありません。これからタケシに出会って、私なりのタケシの人生に関する理解をしていくことになります。

〈その後〉タケシは、境界線級の発達で少しアンバランスなところがありますが、お母さんへの思いが強いやさしい子どもでした。弟の存在は彼にとっては複雑で、これからお父さんの存在も大事になりそうです。後日談で、お母さんが実はまだ苦手とするおばあちゃんを連想させる何かが担任の先生にあったようです。

いずれにしても、これまで語られた物語をうけて、大したことはできないのですが、このタケシとお母さんがこれからの物語をもう少し気楽に展開できるようにするにはどうしたらいいか、しばらく一緒におつきあいする覚悟で面接を進めていきました。

7 最後に

物語を紡ぐ面接には、子どもとその家族が家庭の営みを積み重ねていく中で、ほんのひとときであるけれども、一緒におつきあいをさせていただく気持ちが必要だと考えています。もちろんおつきあいするためのスキルはいるのですが、**子どもの育ちを見守る目線**が一番大切だろうと思います。残念ながら、実際には消耗してとてもつきあえないご家族もあるのですが、私が考えている子どもの発達を理解しながら、細くても長くおつきあいできる面接ができればいいかと考えています。そうでなくても、ここまでの子どもたちの生きる営みとそれを支えた家族の足跡を、もう一度土俵に上げて整理しながらふりかえることで、これからの歴史を作っていくことにいい影響を与えていきたいと考えています。

付録◆

併行する2視点による対人援助面接

…………………岡田隆介

この本ができたら、個人的にまず岡田さんに読んでもらいたいなと考えていました。岡田さんは常に自分の面接について考えてきた人だと思うからです。求道者でもあり、面接バカ（?）とも言えます。

彼は自分を治療の「仕立屋」になぞらえています。どうすれば、今着ている窮屈な服を脱いでもらえるだろう、どうしたらもっと似合う服をデザインできるだろう、そんなことばかり考えてきた人ではないかと思っています。それも、ユーモアとスマートさを兼ね備えた関わりが岡田さんの信条だと思います。いつもおしゃれだなと思っていました。たぶん、この本の執筆者たちも多かれ少なかれ、岡田さんに影響を受けてきた人たちです。

そこで編者からのたってのお願いで、この本から触発された形で岡田さん流の「面接」を考えていただきました。

（宮井研治）

はじめに

相談に見える人の多くは、抱えている問題に関するその人なりの解釈を持っています。一方、援助者は話を聴きながら問題の仮説をたてます。対人援助は、この「解釈」と「仮説」の接点で行われます。

援助対象者が語ってくれる「解釈」の質も援助者の「仮説」を支える情報の量も、援助面接の深さに左右されます。そのため、私は併行する２視点をもって援助面接を行うようにしています。慣れた１つの固定点ではなく、併行した２つの視点を持つことで遠近法のように面接に奥行きが生まれるからです。

では以下に、併行２視点の面接をステップに分けて説明します。

1　併行2視点面接ステップ①――援助対象者の「問題の解釈」

援助対象者の多くは、大きな不安を隠そうともせず入室します。「いま～が気がかり」「この先～が心配」といった不安はただちに援助者に伝わり、診察室に充満します。このとき、併行して他の部分を見る視点を持っていれば、不安の陰に怒りがしっかりと隠れているということに気づきます。

もちろん、怒りを前面に押し出し、不安を押し隠している人もいます（最近は、こちらの方が目立つ気もします）。いずれであれ、「来てよかった」と感じてもらえるには、どちらも見落とさずにきちんと受け止めることが大切です。「いま誰が何をどのように困っていて、どうなりたいのか」という主訴は、この後に聞かせてもらうことになります。

次に、援助対象者なりに取り組んできた解決努力を尋ねます。期待した効果は得られなかったわけですが、結末や手段はともかくとして解決努力はしっかりねぎらいます。併行したもう一つの視点では、「自分はこんなに頑張っているのに〜」という解決努力の空回りを見据えます。努力の空回りは、しばしば問題を複雑・深刻化するからです。解決努力のねぎらいとその悪循環の歯止めは、２つで一組になっているのです。

2　併行2視点面接ステップ②——情報収集とアセスメント

援助対象者やその家族に潜む危うさ・脆さをおさえておくことは、対人援助の基本です。この不測の事態を避けるという意味で、大方の援助者はリスクファクターには敏感です。このとき、併行した視点からは援助対象（者／家族）の強みを見据えます。こちらは意外に疎かにされていて、当事者にいたってはそんなものがあるとは信じていません。しかし、どんな人・家族にも強みはあります。そこを見逃さない援助者によって、援助対象者は内なるリソースの存在に気づくのです。

次に、援助対象者の人生観・社会観を感じとります。人は意識せずとも一定の枠組みをもって生きており、それを知ることはとても重要です。その枠は今回の「問題の解釈」のベースになっているからです。

同時に、もう一つの視点で援助者としての枠を意識します。援助対象者も、こちらの枠組みに注意を向けているはずです。ただし、「問題の解釈」と「問題の仮説」のように枠同士が接点を持つことはまずありません。人生観や社会観は簡単に影響を受けるものではないからです。

とはいえ、援助対象者の「人となり」を知ることは大切です。私は、「問題の解釈」のベースになっている枠を大事にする援助者と、そうでない援助者の差はきわめて大きいと考えています。

3 並行2視点面接ステップ③——「問題の解釈」と「問題の仮説」

いよいよ両者が接点を持つときです。先の生きる枠組みが総論だとしたら、「問題の解釈」は各論にあたります。援助を求めている人は、自分なりに「○○が問題だから～が起きた」と筋立てしています。ただ、この理解のままでは新たな解決策を実行できないため、解釈の変更が必要になります。

ここでも、援助者は2つの視点を持ちます。「解釈を変える」と「解釈が変わる」です。「変える」は、こちらで用意した問題の仮説と対処法をセットで援助対象者のそれと置き換えるものです（岡田、2011）。もう一方の「変わる」は、すでにある変化に気づいて定着・拡大するよう支援します。

では、それぞれを簡単に説明します。

「問題の解釈」を変える

援助対象者にとって、「○○が問題」は単なる「解釈」を超えてある種の支えにさえなっています。それに対し「いいえ、問題は△△でしょう」と返すのですから、援助対象者の支えは根底から揺れます。このモデルで行われる身体の治療や物品の修理が円滑に運ぶのは、ひとえに納得のいく客観的根拠が示されるからです。

対人援助においては、「それならできる」という実行の可能性と「なんとかなりそう」という解決イメージがそれに相当すると思います。つまり、「解釈」の置き換えの成否を握るのは現実的で具体的な解決策です。それで腑に落ちれば、援助対象者は新たな解決策の実行に向けて一歩踏み出します。

もとより「○○が問題」は文脈的に誰か（何か）を責めているので、家族に緊張を持ち込みます。そこのところが変化すると、自然に家族の相互性も変わります。つまり、一人の変化が家族システムの変化につながるわけです。

「問題の解釈」が変わる

こちらは、援助対象者の「問題の解釈」を直接的に扱うことはしません。「解釈」が信念と化している場合は、「変える」よりも「変わる」の方が抵抗はずっと少ないでしょう。

援助者は、いつもと変わらぬ解決努力やその結末の中にいつもとは違う部分を見つけます。そして、「いつもと違ったのは何が良かったのか」「うまくいったのはどんな工夫をしたからか」「なんとか対処できている」という脈絡を創ります。

こうして違いや変化に敏感になっていく中で、援助対象者は自分の中のいつもとの違いや変化を発見します。それが、「なんとかできている自分」への肯定感につながっていくのです。

こうした変化が、家族の相互交流に影響しないはずはありません。誰かによって「解釈」を変えられたのではなく「解釈」が変わったのですから、生きる枠にも変化が起きるかもしれません。

「解釈を変える」が心理教育的に全体（問題の解釈）から入るのに対し、「解釈が変わる」は解決志向的に部分（小さな変化）から入るわけで、2つの視点なればこその対比といえるでしょう。

おわりに

援助面接は言葉を通じて行われます。そこで発せられる言葉もまた、2つの違った反応を呼び起こします。援助者の言葉が予想通り・期待通りだったとき、援助対象者は安堵・安心の感情を抱きます。この場合、行動選択は現状維持に近いものになります。逆に援助対象者にとって予想外・想定外だったとき、言葉は援助対象者の驚きや混乱を呼び起こします。そこから生まれる緊張のエネルギーは、うまく導かれると変化の方向へと導くパワーになるでしょう。

言葉が安心と現状維持、驚きと変化という2つの反応を導くことは、ここまで述べてきた併行的な2つの視点と深くつながっていると私は考えています。

あとがき

とにかく、こういう面接の本を作りたいという衝動にまかせて話を進めてきましたが、途中で、誰かが昇進して繁忙職場に異動になってしまったり、別の誰かが大病を患って入院してしまったりで、最初の瞬発力だけでは簡単にゴールにはたどり着けなかったというのが正直なところです。私たちがそういった人生の分岐点を迎える年頃だから、企画から完成に至るまでに手間取ったというのは、私たちの勝手な言い訳にすぎません。それでもここまでたどり着けたのは私たちがやってきた「面接」がきっと独りよがりでなく、どこかに同業者や後進たちに伝えうる技やコツがあるという思いが強かったからだと思います。とはいえ、ただ好きなことを文章化するだけでは、単なる自慢話に過ぎませんので、実務で想定される「面接」場面をある程度は網羅しました。読者に役立つという目線を重視したつもりです。また、同好の志が集まった同人誌ではありませんので、ひとつ上の世代の岡田さんの見方を盛り込みました（共感することがほとんどですが）。

一応の完成をみて思うことは、各執筆者の特長です。良いと思ったところは読者の皆さんにどんどんとご自分の「面接」に取り入れていただきたいです。そして改良を加えバージョンアップしていただき、またあなたの同僚などに還元していただきたい。たぶんそれが各執筆者のもっとも喜ぶところだと思います。そのためには、まず本を購入していただかないといけない訳ですが（笑）。

完成をみてもう一つ思うことは、執筆者各人の違いです。個性と言われるものです。これも当然と言えば当然ですが。巻頭で組織力を大事にしたいと述べておきながら、矛盾しそうですが、そうではありません。サッカーでも最後に点を取るのは個人の突破力だと言います（サッカーのたとえが多くて恐縮ですが、サッカー経験者では全くございません）。逆に、巻頭で「面接」を自分たちのステージだなどとかっこいいことを言いましたが、共演者である来談者（子ども・家族）があくまでも主役であることは、執筆者間で相違のないところだと思います。

最後になりましたが、この本の出版に際し気長に粘り強く励まし、ある時はアイデアを与え、またある時は期限を迫り、最終的に編集の重責を担っていただいた明石書店の大野祐子さん、吉澤あきさんには感謝の言葉もございません。

とにかく、この本、あなたのデスクのお供として使ってやってください！

2012年　初秋

宮井研治

■ 参考文献

井上直美・井上薫編著『子ども虐待防止のための家族支援ガイド――サインズ・オブ・セイフティ・アプローチ入門』明石書店、２００８年

衣斐哲臣『子ども相談・資源活用のワザ――児童福祉と家族支援のための心理臨床』金剛出版、２００８年

衣斐哲臣編『心理臨床を見直す〝介在〟療法――対人援助の新しい視点』明石書店、２０１２年

岡田隆介『家族が変わる、子育てが変わる――コミュニケーションのヒント』明石書店、２０１１年

川畑隆『教師・保育士・保健師・相談支援員に役立つ子どもと家族の援助法――よりよい展開へのヒント』明石書店、２００９年

川畑隆・菅野道英・大島剛・宮井研治・笹川宏樹・梁川惠・伏見真里子・衣斐哲臣『発達相談と援助――新版K式発達検査２００１を用いた心理臨床』ミネルヴァ書房、２００５年

R・シャーマン、N・フレッドマン『家族療法技法ハンドブック』岡堂哲雄・国谷誠朗・平木典子訳、星和書店、１９９０年（Sherman, Robert & Fredman, Norman, *Handbook of Structured Techniques in Marriage and Family Therapy*. 1986）

菅野道英「児童相談所の取り組み――虐待家族の支援」谷口卓・末光正和編著『実践から学ぶ児童虐

待防止』第6章／91－１０９頁、学苑社、２００７年

ピーター・ディヤング、インスー・キム・バーグ『解決のための面接技法――ソリューション・フォーカスト・アプローチの手引き』桐田弘江・玉真慎子・住谷祐子訳、金剛出版、１９９８年（DeJong.Peter & Berg. Insoo Kim, *Interviewing for Solutions*. 1988）

インスー・キム・バーグ『家族支援ハンドブック――ソリューション・フォーカスト・アプローチ』磯貝希久子監訳、金剛出版、１９９７年（Berg, Insoo Kim, *Family Based Services: A Solution-Focused Approach*. 1994）

インスー・キム・バーグ、スーザン・ケリー『子ども虐待の解決――専門家のための援助と面接の技法』桐田弘江・玉真慎子・住谷祐子・安長由起美訳、金剛出版、２００４年（Berg, Insoo Kim, Kelly, Susan, *Building Solutions in Child Protective Services*. 2000）

S・マクナミー、K・J・ガーゲン編『ナラティヴ・セラピー――社会構成主義の実践』野口裕二・野村直樹訳、金剛出版、１９９７年（McNamee, S. & Gergen, K. J., *Therapy as Social Construction*. 1992）

スコット・D・ミラー、バリー・L・ダンカン、マーク・A・ハブル『心理療法・その基礎なるもの――混迷から抜け出すための有効要因』曽我昌祺監訳、金剛出版、２０００年（Duncan, Barry L., Hubble, Mark A. and Miller, Scott D., *Escape from Babel:Toward a Unifying Language for Psychotherapy Practice*. 1997）

吉川悟『家族療法・システムズアプローチの〈ものの見方〉』ミネルヴァ書房、１９９３年

梁川　恵（やながわ・めぐむ）
1979年、京都市に採用され情緒障害児短期治療施設セラピストや児童相談所心理判定員、青葉寮治療係長、発達相談所相談判定係長等を歴任し、2014年３月に退職。現在、滋賀県警察の少年相談専門員（委嘱）や京都市保育園連盟の巡回相談員（委嘱）等をしています。臨床心理士、公認心理師。著書に高石浩一・川畑隆・大島剛編『心理学実習 応用編 1』（分担執筆、培風館、2011年）。

伏見真里子（ふしみ・まりこ）
1987年、岡山県に心理判定員として入庁。元津山児童相談所長。役職定年後、2024年度は県立成徳学校心理療法担当職員。入庁後は主として津山児童相談所、倉敷児童相談所で児童心理司を務めました。また、精神保健福祉センター、保健所、県立岡山病院など精神科領域にも勤務しました。著書に『心理的アセスメント（公認心理師の基礎を学ぶテキスト⑭）』（分担執筆、ミネルヴァ書房、2023年）など。

大島　剛（おおしま・つよし）
神戸親和大学文学部心理学科教授。19840 年から17年間神戸市児童相談所心理判定員を務め、2001年から大学で教鞭をとっています。子ども臨床がわかる臨床心理士の養成、児童相談所の児童心理司の役割について調査研究などを行なってきましたが、現在はＫ式発達検査の臨床を検討してそれを全国的に広めていくことに力点を置いています。臨床心理士、公認心理師。著書に『事例でわかる心理検査の伝え方・活かし方』（共著、金剛出版、2009年）、『発達相談と新版Ｋ式発達検査』（明石書店、2013年）、『臨床心理検査バッテリーの実際』（共著、遠見書房、2015年）、『心理的アセスメント（公認心理師の基本を学ぶテキスト⑭）』（編著、ミネルヴァ書房、2023年）。

岡田隆介（おかだ・りゅうすけ）
元・広島市児童相談所長、子ども療育センター心療部長、医学博士。退職後、児童相談所・知的障害者更生相談所・広島家庭裁判所で嘱託医を務める傍ら、児童精神科医の少ない県北と県東部で診療活動をしている。著書に『家族の法則――親・教師・カウンセラーのための道標50』（金剛出版、1999年）、『家族が変わる、子育てが変わる――コミュニケーションのヒント』（明石書店、2011年）など。

✣ 執筆者紹介（執筆順）

川畑　隆（かわばた・たかし）

そだちと臨床研究会。臨床心理士。児童福祉や教育分野などの対人援助が専門です。2006年までの28年間、京都府の児童相談所に勤務。その後、京都先端科学大学（旧・京都学園大学）と京都橘大学に計16年間勤務し、退職。著書に『子ども家庭支援の勘ドコロ——事例の理解と対応に役立つ６つの視点』（明石書店、2023年）などがあります。

衣斐哲臣（いび・てつおみ）

児童心理治療施設みらいの施設長。関西学院大学心理学科を卒業後、国保日高総合病院精神科で臨床心理士15年、和歌山県職員として児童相談所に20年、和歌山大学教職大学院教授を８年務めた後、2023年から現職。専門は児童福祉、家族支援、臨床心理学。著書に『子ども相談・資源活用のワザ——児童福祉と家族支援のための心理臨床』（金剛出版、2008年）、『心理臨床を見直す“介在”療法——対人援助の新しい視点』（編著、明石書店、2012年）、『子ども・家族支援に役立つアセスメントの技とコツ』（共著、明石書店、2015年）、『ブリーフセラピー入門——柔軟で効果的なアプローチに向けて』（共著、遠見書房、2020年）など。

菅野道英（すがの・みちひで）

1979年、滋賀県に心理判定員として採用され、県内の児童相談所（中央・彦根）で児童心理司・児童福祉司として勤務。滋賀県彦根子ども家庭相談センター所長を最後に退職。現在はフリーランスで、研修会の講師やスクールカウンセラーとして活動。臨床心理士。著書に『子ども・家族支援に役立つアセスメントの技とコツ』（共著、明石書店、2015年）、『日本の児童相談所——子ども家庭相談の現在・過去・未来』（編著、明石書店、2022年）など。

笹川宏樹（ささかわ・ひろき）

同志社大学心理臨床センター特任指導員。奈良県の児童相談所、県庁児童福祉課、知的障害者更生相談所、リハビリテーションセンターなどで勤務し、奈良県中央こども家庭相談センター所長、福祉型障害児入所施設長、同志社大学心理学部客員教授を経て現職。臨床心理士、公認心理師、社会福祉士。著書に『福祉心理学——福祉分野での心理職の役割』（編著、ミネルヴァ書房、2020年）、『P-F スタディ解説 2020年版』（共著、三京房、2020年）、『日本の児童相談所——子ども家庭相談の現在・過去・未来』（共著、明石書店、2022年）など。

✣ 編者紹介

宮井 研治（みやい・けんじ）

京都橘大学総合心理学部総合心理学科特任教授。1982年、大阪市に臨床心理職員として採用。知的障害児通園施設、大阪市中央児童相談所（現大阪市こども相談センター）、大阪市更生相談所一時保護所、情緒障害児短期治療施設大阪市立児童院に勤務し、再び大阪市こども相談センターに舞い戻る。2017年より現職。臨床心理士、公認心理師。最初に心理療法に出会ったのはゲシュタルト・セラピーからで、家族療法、ソリューション・フォーカスト・セラピーに傾倒し、仕事ではサインズ・オブ・セイフティー・アプローチを活用する。座右の銘は「果報は寝て待て」。本書の著者（川畑・菅野・大島・笹川・梁川・伏見・衣斐）との共著に、『発達相談と援助――新版K式発達検査2001を用いた心理臨床』（ミネルヴァ書房、2005年）、『発達相談と新版K式発達検査』（明石書店、2013年）、『子ども・家族支援に役立つアセスメントの技とコツ』（明石書店、2014年）がある。

子ども・家族支援に役立つ面接の技とコツ

〈仕掛ける・さぐる・引き出す・支える・紡ぐ〉児童福祉臨床

2012年11月30日　初版第1刷発行
2025年 1 月10日　初版第9刷発行

編　者　宮井研治
著　者　川畑　隆・衣斐哲臣・菅野道英・笹川宏樹・梁川　惠・伏見真里子・大島　剛

発行者　大江道雅
発行所　株式会社 明石書店

〒101-0021 東京都千代田区外神田 6-9-5
電話　03（5818）1171
FAX　03（5818）1174
振替　00100-7-24505
https://www.akashi.co.jp/

装幀・装画　荒木慎司
印刷　株式会社文化カラー印刷
製本　協栄製本株式会社

（定価はカバーに表示してあります。）　ISBN978-4-7503-3730-2

心理臨床を見直す〝介在〟療法

対人援助の新しい視点

衣斐哲臣 編

A5判／並製 ◎2800円

対人援助のための理論や技法は数多くあり、援助者が人を支援する場面では二者の間に必ずそれらが〝介在〟する。現場の第一線の臨床家がこの〝介在〟視点に立ち自らの実践を語り、既成の学派や立場の違いを超えて心理療法および対人援助のあり方を再考する試み。

内容構成

第1部 〝介在〟視点の提唱

第2部 私の〝介在〟療法を語る

1 プレイセラピー（津川秀夫）
2 箱庭療法（川戸圓）
3 臨床動作法（吉川吉美）
4 精神分析（佐野直哉）
5 クライエント中心療法（伊藤研一）
6 森田療法（山田秀世）
7 内観療法（三木善彦）
8 心理検査（川畑隆）
9 催眠療法（松木繁）
10 グループ療法（高良聖）
11 家族療法（坂本真佐哉）
12 認知行動療法（東斉彰）
13 ゲシュタルト療法（倉戸ヨシヤ）
14 解決志向アプローチ（遠山宜哉）
15 EMDR（市井雅哉）

第3部 〝介在〟療法の実践を語る

1 イルカ介在療法（惣田聡子）／2 怒りのコントロール教育プログラム（北谷多樹子）／3 描画テスト（戸倉幸恵）／4 RDI（白木孝二）／5 ライフストーリーワーク（山本智佳央）／6 「ほほえみ」地域づくりプロジェクト（山本菜穂子）

第4部 〝介在〟療法論考（吉川悟）

子ども家庭支援の勘ドコロ

事例の理解と対応に役立つ6つの視点

川畑隆 著

■四六判／並製／192頁 ◎2200円

子ども福祉臨床の目的は子どもの保護と健全育成です。与えられた枠組みや理論にただ縛られるのではなく、対応してもよいのではないだろうか。児童相談所で約30年の勤務経験のある著者が、具体的事柄とともに子ども家庭支援の現場において大切なことを綴る。

内容構成

第1章 子ども家庭への支援業務
〜福祉臨床現場ならではの視点と協働〜
第2章 発達相談場面での保護者への対応
〜その子の一番の専門家は保護者〜
第3章 子ども虐待による死亡事例から考える
〜収束的に拡散的に〜
第4章 要保護児童対策地域協議会の充実のために
〜「狭く深く」と「広く浅く」〜
第5章 子どもへの対応をめぐる事態にかかわる
〜後手から先手に〜
第6章 子ども福祉臨床の現場への支援
〜「仕方がない」ではないかもしれない〜

〈価格は本体価格です〉

日本の児童相談所
子ども家庭支援の現在・過去・未来

川松亮、久保樹里、菅野道英、
田﨑みどり、田中哲、長田淳子、
中村みどり、浜田真樹［編著］

◎A5判／並製／384頁　◎2,600円

子どもの発達を促し、子どもの最善の利益をめざす児童相談所。本書には、社会的関心の高い虐待対応にとどまらない、現在の児童相談所を多角的に理解するエッセンスと、今を理解するための歴史と、これからの児童相談所についての多くの知見が盛り込まれている。

《内容構成》

〈価格は本体価格です〉